U0031767

走路／也是一種哲學

Marcher, une philosophie

斐德利克・葛霍
FRÉDÉRIC GROS

徐麗松——譯

暢銷典藏版

感謝博諾瓦・尚特（Benoît Chantre）讓本書「走起路來」，並陪伴它完成這場走路的旅行。

Table
目次

Marcher n'est pas un sport

走路不是做運動

走路不是做運動。

體育運動涉及技巧、規則、分數、競賽，需要一整套學習程序：熟悉姿勢，學習正確動作……經過很長一段時間後，即興成分和才華才會逐漸顯現。

體育運動在乎分數：你得第幾名？你跑了多少時間？得到什麼成績？總是一種比賽，總是要分勝敗，跟戰爭如出一轍。戰爭和運動競賽之間確實有共通性，人可以透過戰爭爭取榮耀，就像比賽足以讓人失去名聲；對手可能令人敬佩，敵人也可能讓我們恨之入骨。

體育運動當然也代表耐力、體力付出、紀律。一種倫理，一份工作。

但運動也代表器材、雜誌、表演、市

場。它可以是大型匯演。隨著運動而來的，是巨大的媒體化慶典，品牌和影像的消費者簇擁而至。金錢大肆入侵，掏空人的性靈，醫學也忙著介入，為人打造人工的軀體。

走路不是一種體育運動。把一隻腳拉起來擺到另一隻腳前面，這再容易不過。走路者互相碰面時，談的不是結果，不是分數；走路者會說他走了哪條路，哪條小徑會帶來最美麗的景緻，從某處懸崖頂端又會眺望到什麼風光。

然而，人類卻忙著打造一個充滿新玩意的市場：革命性的鞋款、不可思議的襪子、最有效率的包袋、性能絕佳的褲子……我們忙著導入體育運動的精神：走路太簡單了，所以我們要「遠征健行」。市面上販售各種精巧的棍棒，讓走路者儼然像是滑雪人士。但這一切走得並不遠。它不可能走遠。

走路是慢下來，而我們找不到比這更好的慢行方式。走路首先需要的是兩條腿。其他的，其實都是無謂。想走得更快？那就別走路吧，採用別種方式：開車、溜滑板、飛行。不必走路。況且，走路時只有一種表現有意義：天空色彩的強度，周遭景物的亮度。因為走路不是一種運動。

而人類一旦站了起來，他就不會留在原地。

Libertés

自由的種種可能

首先，走路能帶來一種「暫行」的自由，就算只是一段小小的漫步。我們卸下憂慮的重擔，暫時忘卻生活中的事務。我們刻意選擇不要把辦公室帶著走；我們踏出門，信步晃蕩，思索別的事。

長達數天的健行可以進一步加強這種解脫感：我們拋開職場的束縛，掙脫日常生活的牢籠。但是，為什麼走路比做一趟大旅行更能讓人感受到這種自由？因為其他可能同樣令人難受的束縛終究會顯現出來：旅行袋的重量、每段行程的漫長距離、天候的不可捉摸（狂風暴雨隨時可能降臨，炎熱可能令人窒息）、山屋的簡陋，以及其他種種折磨……但只有走路能讓我們不再執著於「某些事物不可或缺」的假象。

單純的走路這件事依然屬於必要性的範疇，一種非常強大的必要性。為了抵達一段路程的終點，必須走多少小時，而這多少小時相當於多少步路——即興而為的做法有其侷限，因為這裡所謂的走路，和在庭園小徑上散步性質不同；我們沒有權利在交叉路口走錯方向，否則不但代價高昂，而且必須立刻付出。縱使濃霧籠罩山頭，大雨開始傾盆，走路的人還是得繼續前行。食物和飲水必須依據路線規畫及水源地點仔細計算運用。更甭提路途上缺乏舒適。但奇蹟發生了，我們感到快樂，而且不是因為我們得以忍耐前述的一切，而是拜其所賜。我的意思是說，由於我們沒有不勝枚舉的飲食選擇，我們的宿命隨時受天候擺布，我們的行程必須仰仗步履的規律，於是忽然間，琳瑯滿目的市場供應（商品服務、交通運輸、連繫網路）、無處不在的便利性（通訊、購物、移動），竟變得彷彿累贅。我們赫然明白，那種種「微型解放」一直只是在加速那個制度的運作，每每自以為獲得解放，其實不過是讓自己進一步受到箝制。真正能讓我們從時間與空間中解放出來的因素，都引導我們與「那種速度」疏離。

對於從未體驗過走路者狀態的人而言，任何關於那個狀態的描述都可能顯得像一種荒謬、脫軌的行徑，一種自找的奴役。因為都市人會不假思索地從缺乏、困頓的角度詮釋走路者獲得的解放。走路者不再置身於交流網絡中，不再是一個獲取資訊、影像、商品之後又加以分發傳布的網絡節點；他體會到那一切的真實性與重要性都取決於他自己要賦予它多少真實與重要。當我不再連上網絡，我的世界不但不會崩潰，甚至那些網絡脈絡的交錯盤雜驟然讓我覺得沉重、壓迫、過度緊密。

此刻，我感受到了自由——那是一塊紮實的麵包，一口沁涼的清水，一片開闊的景致。

話雖如此，儘管我快樂地離去，縱情在這種暫行的自由中，我依然會快樂地歸來。那是一段括弧中的快樂，一種遁逃三兩天的自由。當我歸來時，沒有任何東西改變，既有的慣性復歸原位，速度、對自己的忽略、對他人的漠視、亢奮、疲倦，統統都回來了。「簡單」的召喚只在走路那段時間維持效力。「清新空氣讓人暫時恢復元氣」。片刻的解放之後，我又沉淪。

第二種自由的可能性比較叛逆，夾帶一種暴力成分。在我們的生活中，暫行的自由只是讓我們短暫「下線」：在幾天時間裡脫離網絡，在杳無人煙的小徑上體驗從體系脫身的快感。可是我們也可能決定「斷離」。在這種自由的可能中，我們不難在凱魯亞克[1]或施奈德[2]的書寫中，看到那種催促著人們違逆現狀、投奔遼闊世界的呼喚：永遠捨棄愚蠢的約定俗成，擺脫四壁之間令人煩悶的安全感，終結一成不變的煩悶、反覆運作的磨損，逃離安逸者的怕事，放下對改變的敵視。竭力誘發離開的意念、促成違逆的決心，然後終於擁抱瘋狂和夢想。這時，走路（遠走高飛，到某個地方嘗試新生活）的決定就像是來自荒野的召喚。於是我們在走路的過程中發現星空的遼闊、基本能量的紮實，我們的胃口也隨之而來：那胃口真大，我們盡情享用，身體感到前所未有的滿足。當我們毅然決然地關上世界的門，我們不再被任何事拘束：人行道不再把行腳拖住（那是我們日復一日、不斷反覆的歸巢之路）。十字路口顫抖著，彷彿躊躇不決的星辰，我們重新發現抉擇所帶來的

---

1 凱魯亞克（Jack Kerouac，1922-1969），美國詩人及小說家，與金斯堡（Allen Ginsberg，1926-1997）、柏洛茲（William S. Burroughs，1914-1997）齊名，同為「垮世代」先鋒。見下文。

2 施奈德（Gary Snyder，1930-），美國詩人、作家、環保運動家，精研佛教、熱愛自然，曾將一些中國古籍及現代日本著作譯成英文。

恐懼與戰慄，自由的感覺令我們暈眩。

這一次，自由不是因為我們從人造世界中解放出來、感受簡單的喜悅，而是因為我們邂逅了一種不羈——它宛如自我與人性的極限，彷彿我們無從掌握的叛逆自然在我們體內決堤了，無盡地蔓延。走路可能引發這些過度：疲倦的過度導致精神譫妄，美麗的過度造成靈魂翻覆；在氣象萬千的埡口、高聳入雲的山巔、過度的狂醉幾乎使我們的身體無法承受。到了這個境界，走路喚醒我們內心那個叛逆而古老的部分：我們胃口大開，肆無忌憚地盡情咀嚼；我們熱情澎湃、衝勁十足，彷彿獲得靈感啟示。因為走路讓我們從生命的橫軸中拔地而起，讓我們得以從高處俯視那道在我們腳底下把我們往前捲動的洶湧洪流。

這裡的意思是說，我們走路並不是為了遇見自己，彷彿是要達成找回自我的任務，為了從過去的疏離中解放出來，藉此重新征服一個原汁原味的本我，一個曾經失去的身分認同。事實上，我們走路時，是要連身分認同都褪去，擺脫當某個人、擁有一個名字和一個故事的誘引。「當某個人」這件事在眾人忙著自我表述的社交晚宴上很有用，在心理醫師辦公室也很有用。

但「當某個人」豈不是一種帶來束縛的社會義務（我們被迫忠於某個自我圖像），一則壓在我們肩膀上的愚蠢故事？走路時的自由，正在於不必當某個人，因為行走中的軀體沒有故事，只是一道亙古不變的生命之流。因而我們只是一隻往前行進的雙足動物，只是大樹之間的一股純粹力量，只是一聲呼喊。經常在走路時，我們會忍不住呼喊，藉此表達出一種重新尋回的動物性存在。這是一種由金斯堡、柏洛茲所代表的「撕裂的世代」[3]所竭力頌揚的極大自由，一股無盡奔湧的能量，足以撕裂我們的原本存在、炸毀屈從者的既有座標；浸淫在此等自由感中行走於山林間，跟吸毒、酗酒、縱欲、狂歡……一樣，無疑都是一種那個世代的人們試圖達到純真境界的手段之一。

但這種自由讓人窺見一個夢境：走路成為一種拒絕文明的表現方式，拒絕一個腐敗、汙穢、疏離、可鄙的文明。

3 即「垮世代」（Beat Generation），指二戰後美國一群反思傳統價值、物質主義，致力實驗新思維及新生活方式（包括性解放、迷幻藥等）的作家，對美國文化影響深遠。垮世代最為人知的著作包括金斯堡的《咆哮》（*Howl*）、柏洛茲的《赤裸午餐》（*Naked Lunch*）、凱魯亞克的《在路上》（*On the Road*）等。先前提到的施奈德通常也被視為垮世代的成員。

我讀了惠特曼的作品，你知道他都說些什麼嗎？「奴隸們，起來吧，讓外國暴君一個個發抖。」這就是他心目中古老沙漠小徑上的吟遊詩人應該有的態度，那種受禪思啟發的瘋狂吟遊詩人。他認為我們必須把世界想像成浪人和乞丐的聚集地，浪人們背起背包奮勇直前，天上來的乞丐拒絕消費產品的義務，因此他們也拒絕為了能夠消費而勞動，不願付出勞力以便能購買一堆無用的破銅爛鐵：冰箱、電視、汽車、各式各樣的無用垃圾……數以千計、數以百萬計的美國青年背起背包，踏上旅途……

——凱魯亞克，《達摩流浪者》（*The Dharma Bum*）

走路者的終極自由比較罕見。那是一種經過回歸單純喜悅與重新征服古老獸性之後達到的第三種境界。那是「捨得」的自由。偉大的印度文化學者海恩里希．吉默[4]告訴我們，在印度教哲理中，生命的道路分成四個階段。第一階段是學生、學習者、學徒的階段，是人生的早晨，人在這時主要必須遵守師傅告誡，聆聽教誨，聽從批評，按規定行事。人要被動接受。在第二階段中，人已經長大成人，處於生命正午，他結婚生子，成為一家之主，負責養育家庭：他盡力管理個人財富，資助僧侶，從事職業，一方面服從社會約束，一方面把社會約束加諸於他人。他同意戴上社會面具，扮演面具所代表的社會及家庭角色。然後，當下一代準備好接棒，在人生的下午時分，人可以驟然拋棄所有社會義務、家庭職責與經濟顧慮，成為隱士。這是「前往森林」的階段，他必須透過靜坐冥想，學著認識人類內在從未改變的那個部分，等待醒覺於自我的那一刻出現。那是一個永恆的真我，它超越所有面具、職務、身分認同與故事。最後，來到生命中那個必須充滿榮耀而且永無止境的夏夜，隱士成為朝聖者，人生自此進入巡遊階段（也就是托缽流浪期），在人世間的無盡走行，代表著無名的真我與無處不在的真心終於交會。聖賢放下一切。這是自由的最高境界：透過全然捨得所達到的完美自由。我不再介入世界，也不再介入自己。過去與未來與我無涉，我只是

4 吉默（Heinrich Zimmer，1890-1943），德籍印度文化學者及南亞藝術史專家。

那個交會所蘊含的永恆當下。如同我們在史瓦米・蘭達斯[5]的《朝聖筆記》（*Carnets de pèlerinage*）中所見，人在捨棄一切的時刻卻忽然被給予一切，在不再有任何要求的時刻忽然發現眼前一片豐饒。一切都來報到，當下存在的強度忽然變得無以復加。

我們可以在長時間的健行之旅中瞥見這種捨得一切的自由。當我們走了很長一段路，到了某個時刻，我們忽然不再知道自己已經走了多少小時，也不清楚還要多少小時才能抵達路程的終點。我們感覺到身上背負的少數絕對必需品的重量，我們告訴自己，這已經非常足夠——這點可還需要特地強調？我們覺得似乎可以一天天、一年年、生生世世地不斷走下去。我們幾乎不再知道我們要去哪裡，又為何要去，這些跟我的過去是什麼、現在時間幾點，同樣都不再重要。我們感覺自由。因為只要我們回想起那些我們獻身地獄時的身分表徵——姓名、年齡、工作、事業——一切的一切，竟顯得彷彿魅影，荒唐可笑、微不足道、毋須知曉。

5 蘭達斯（Swami Ramdas，1884-1963），印度聖徒、哲學家、人道主義者及朝聖旅行者。

Pourquoije suis si bon marcheur

Nietzsche

為何我如此善於走路 ╳ 尼采

「盡可能少坐著：不要相信任何不是在遼闊的戶外、在身體自由移動之際形成的念頭——不要相信任何肌肉未曾積極參與的想法。所有偏見都來自僵化的內裡。我再次強調，臀重如鉛、坐著不動是真正違反心智的罪孽。」

——尼采，〈為何我的思慮如此周嚴〉（Pourquoi je suis si avisé），出自《瞧！這個人》（*Ecce Homo*）

尼采[1]曾寫道，分手令人難過，因為原有關係斷落使人受苦。但很快取而代之的，是我們有了翅膀。尼采的生命正是由種種斷落、分離、孤立所組成：世界、社會、旅伴、同儕、女人、朋友、親人，紛紛離他而去。但每一次探索他的孤獨處境，都代表他的自由又更深一層：沒有了責任義務，沒有了構成阻礙的妥協，視野變得清晰而開闊。

尼采畢生是個令人佩服的走路者，耐力十足。他經常提及走路這回事。在開闊戶外的步行彷彿是他的創作要素，自始至終伴隨著他的寫作生涯。

他的人生是一齣四幕劇。

第一幕是成長學習時期：從他出生（一八四四年）到他獲聘為巴塞爾大學語文學教授。他的父親是一名牧師，一個正人君子，很年輕就辭世。尼采喜歡想像自己是一個波蘭貴族世家（尼耶茨斯基家族）的末代子孫。父親逝世時，年僅四歲的尼采成為母親、祖母及姊姊的希望寄託，她們無限關懷的對象。聰明絕頂的小尼采一路讀到以教學嚴格著稱的名校——普佛爾塔高中，在那裡接受古典教育。他受到鐵血般的管教，後來他體認到這種教養方式的偉大之處，如這句著名希臘等式所言：人必須懂得服從，才會知道如何指揮。他的母親對他深具信心、讚賞有加，盼望有一天這個兒子能夠把聰明

1 尼采（Friedrich Wilhelm Nietzsche，1844-1900），德國語文學者、哲學家、作曲家、古希臘羅馬學家。

才智用來服務上帝。她夢想他會成為神學家。這個孩子身強體健，唯一的毛病是深度近視，想必矯正做得很糟。高中畢業後，他前往波昂大學修讀語文學，表現優異，隨後又續往萊比錫大學深造。二十四歲時，他獲聘為巴塞爾大學語文學教授。這麼年輕就當上教授著實難能可貴。他的人生劇場第二幕就此展開。

◆

尼采教了十年的希臘語文學，那是辛苦而充滿失敗的十年。他工作繁多，除了在大學授課，還得在城內的主要中學——教養院（Pedagogium）教書。但是，為什麼尼采只願當個語文學者？很長一段時間，他曾經想往音樂發展，然後他迷上了哲學。語文學開啟雙臂迎接他。他報以熱情擁抱，但內心隱約感到酸楚，因為這並非他的最終職志。這門學問至少讓他學會閱讀希臘古籍：埃斯庫羅斯（Eschyle）和索福克勒斯（Sophocles）的悲劇、荷馬和赫希俄德（Hesiode）的史詩、赫拉克利特（Heraclite）和阿那克西曼德（Anaximander）的語錄，以及第歐根尼．拉爾修（Diogène Laërce）的史書

（他熱愛這位羅馬帝國時代史學家，因為他說自己可以在他的作品中超越制度表象，看到人）。第一個年頭非常圓滿如意，他帶著一股狂熱準備課程內容，廣受學生喜愛；他也認識新的同僚，其中一位名叫法蘭茲·歐維貝克（Franz Overbeck）的神學教授成為他的忠實摯友。那是個不離不棄的好友，有困難時可以仰仗，在災厄發生後親自前往杜林（Turin）帶他回國。也是在一八六九年，尼采到琉森旅行，以便接著前往特里布森（Tribschen），帶著感動的心情到華格納（Richard Wagner）廣闊壯觀的宅邸，拜訪這位他心目中的「大師」。在那裡，他為那位名叫柯希瑪[2]的女子著迷；他在癡狂的信函中把她稱作「亞莉安娜公主，我的摯愛——某種既定觀念非要我當個男人不可，但確實長久以來我結識了許多男性」（一八八九年一月）。

熱情的生命態度、無比的教學熱忱，以及十足健康的身體只維持了短暫時間。暴怒、情緒崩潰開始接踵而至。在一連串重大誤解之後，他的身體也展開報復。

2 柯希瑪（Cosima）即華格納之妻，尼采作品中的「亞莉安娜」（Ariane）是她的化身。

先是工作上的誤解。首先爆發的是他在一八七一年出版的《悲劇的誕生》（*Die Geburt der Tragödie*），這本書讓專業語文學者目瞪口呆，甚至氣憤填膺。怎有人會想到要寫這種著作？它的內容不是奠基在紮實的研究結果，而是源自模糊不清的形而上直覺：混沌（chaos）與形式（forme）之間的永恆衝突。他定期前往拜魯特（Bayreuth）參加大師的年度音樂祭；他返回特里布森，成為大師在歐洲旅行的友伴。但他益加體認到華格納的高傲和狂熱教條主義都代表著他所嫌惡的一切，而華格納的音樂尤其不適合他的胃口——它令他感到反胃。他後來寫道，華格納的音樂會把人淹沒，那彷彿一片萎靡的泥沼，人置身其中必須掙扎著「游泳」，它像切削山谷的狂亂洪流，隨時要把人吞噬。聽那個音樂時，人會腳底踩空、六神無主。反之，羅西尼（Gioachino Rossini）的音樂令人想翩翩起舞。更不用說比才（George Bizet）的《卡門》。

接著，是感情生活的誤解：他多次求婚被拒，不過無法否認的是，他的求婚方式太過唐突。再來還有社交上的誤解。無論是在拜魯特喧囂擾嚷的社交界，或是在由教授與學者構成的學術圈子中，他都無法生根。

這一切令人難以面對。每個學期過去，情況變得更艱難、更無解。他越來越常被可怕的頭痛侵襲，被迫躺在床上，倒臥在黑暗中，痛苦地哀嚎。他的眼睛折磨著他，他難以閱讀、寫作。只要看書或書寫一刻鐘，接下來他就得忍受好幾小時的偏頭痛。他不得不請人唸書給他聽，因為他的眼睛一接觸到書頁就會開始晃動。

尼采設法尋求妥協之道，他要求減少教授一門課，不久甚至提出完全解除高中教職的申請，隨後他獲准休假一年，喘氣暫歇，休養生息。

但這一切終究徒勞無功。

這段日子他為自己提供的療法成為他未來歲月中的命運標記：大量的步行和偌大的孤獨。為了對抗尖銳可怕的痛楚，他有兩個藥方。一是遠離刺激，逃脫社會羈絆、世俗紛擾，因為為了應付這些日常事務，他總要忍受日以繼夜的身體折磨。二是走路，長時間的走路，藉此分散注意力，暫時忘卻纏繞在太陽穴上那像是被榔頭敲擊般的痛楚。

此時的他還沒有受到高山地區冷硬礦物質世界的吸引，也還不曾體驗到南方岩石小徑的乾爽與芬芳。他主要是與友人格斯朵夫（Carl von Gersdorff）

一起在湖濱步行，一起在日內瓦湖畔走路，每天六小時，或者深入樹影婆娑的森林（在黑森林南側史坦納巴德〔Steinabad〕的冷杉林，他說「我走很多路，穿越森林，與自己進行美妙對談」）。

一八七七年八月份，他到羅森勞伊（Rosenlaui）過起隱居生活。「真盼望我能在某個地方有棟小屋；例如在這裡，我每天可以走六到八小時路，心中構思想法，然後一氣呵成地寫在紙上。」

但這一切也不成功。痛楚太過強烈。嚴重的偏頭痛使他竟日臥倒在床，嘔吐令他徹夜腹痛難當。他眼睛疼，視力減退。一八七九年五月，他向巴塞爾大學提出辭呈。

◆

他的人生第三幕就此展開，為期十年，從一八七九年夏天到一八八九年初。三份微薄津貼讓他可以簡單度日，下榻小客棧，搭火車從山區到海邊，從海邊到山區，有時也搭到威尼斯，去那裡拜訪彼得．賈斯特（Peter Gast）[3]。他在這個階段中成為傳說中那個無人能及的走路者。尼采走路，他走路就像別人工作。他邊走路邊工作。

第一年夏天，他發現高山，即高聳的恩嘎丁山（Engadine）；隔年，他發現他的桃花源「席爾斯—瑪麗亞」（Sils-Maria）。那裡空氣透明，山風凜冽，光線銳利。由於他討厭悶熱的天氣，在他後來倒下以前，他每年夏天都會在山上度過（除了與露[4]往來那年）。他寫信給朋友（歐維貝克、賈斯特），說他發現了他的自然、他的元素；他寫信給母親，說他找到「我這個已經近乎瞎眼的人所能期望找到的最棒的路徑，最健康的空氣」（一八七九年七月）。那裡的風景讓他覺得與他彷彿血脈相連，甚至更密切。

第一年夏天，他開始走路，每天獨自走路，有時長達八小時，同時他完成《旅人與他的影子》（*Der Wanderer und sein Schatten*）。

除了少數幾行之外，一切都是在走路時思索出來，然後用筆胡亂寫在六

3 即約翰．海恩利希．科塞里茲（Johann Heinrich Köselitz，1854-1918），德國作家、作曲家。彼得．賈斯特是尼采為他取的筆名。

4 露．安德烈亞斯—沙樂美（Lou Andreas-Salomé，1861-1937），俄裔作家、心理分析家。

本小筆記簿上。

——一八七九年九月份的信函

冬天，他會到南方城市避寒，主要是熱那亞、拉帕羅（Rapallo）海灣，後來也到尼斯（「我一般每天早上走一小時路，下午走三小時，快步走，走的都是同一條路：這條路相當美，反覆走也不至於厭煩」，一八八八年三月）。他去了一次蒙頓（「我找到八條散步路線」，一八八四年十一月）。山丘成為他的寫字台，大海是他的穹頂（「大海啊，純淨的天空！過去我到底有什麼好自我折磨的」，一八八一年一月）。

走路時，他感覺主控了世界與人類。他在寬廣的戶外構思、想像、探索，因為他發現的事物而興奮、害怕，因為他在走路時浮現的心思而受到震撼與吸引。

> 我的情感強度使我發笑，同時也使我顫慄——好幾次我離不開房間，原因很荒唐，因為我的眼睛紅了——為什麼紅了？就是前一天，我在長時

間走路時哭得太多了，但我流的不是感傷的淚水，而是幸福的眼淚；我唱歌、搖晃，全新的目光席捲了我，這讓我相較於今日的人類有了一種特權。

——一八八一年八月份的信函

十年間，他寫成畢生最偉大的一些書籍，從《朝霞》（*Morgenröte*）到《道德譜系學》（*Zur Generalogie der Moral*），從《歡愉的智慧》（*Die fröhliche Wissenschaft*）到《超越善與惡》（*Jenseits von Gut und Böse*），當然還有《查拉圖斯特拉如是說》（*Also sprach Zarathoustra*）。他成為隱士（「發現自己再度成為隱士，每天走十個小時的隱士路」，一八八〇年七月），獨行俠，旅人。

◆

這裡的走路跟康德所說的走路截然不同。康德認為，走路把人從工作中轉移出來，是一種最低限度的衛生措施，讓身體在久坐、彎曲、對折之後，得以恢復良好狀態。對尼采而言，走路則是創作的條件。走路不只觸發、乃至伴隨創作，走路儼然就是創作的根本要素。

我們不是那種坐在書林中才會思考的人，我們的想法不是在等待書頁的刺激時才姍姍來遲；我們的品格（êthos）是在自由空氣中思考，我們走路、跳躍、爬升、舞蹈，最好是在孤寂的山巔或海畔，在那些連道路都會冥思的地方。

——《歡愉的智慧》

許多人是在讀過許多書之後，在翻閱過那些散發圖書館悶味的書籍後，才把自己的書寫出來。評斷一本書的標準何在？就在它的氣味（或者如我們隨後將看到的，在於它的節奏）。在於它的氣味：太多書散發著閱覽室或辦公間的沉重氣氛。那些沒有光線、通風不良的房間。書架之間，空氣難以流通，充斥著霉味，紙張逐漸腐敗、油墨產生化學變異的穢氣。那是一種瘴氣。

另外有一些書呼吸著鮮活的空氣：戶外的鮮活空氣，高山的風，那種從高處吹來、帶著冰霜氣息敲醒我們身體的風，或者南方的松林小徑上那種漾滿芬芳的清涼晨風。這種書會呼吸。它們的扉頁間不會塞滿毫無生氣的、無謂的博學。

哦，我們很快就會明白作者找到書寫靈感時，是不是正坐在墨缸前，沉著大腹，吊著書袋，埋首卷冊之中。他的書讓人想快快就翻過去！我們覺得腸胃馬上糾結起來，就像這稀薄的空氣、低壓壓的天花板、狹隘的房間立刻讓人感到壓抑。

——《歡愉的智慧》

還有一個必要性是尋找另外一種光線。圖書館總是太暗。書冊彷彿永無止息地累積、堆疊，書架高高地矗立著，一切都使光線難以穿透。

有些書則反射著高山的淨透光線，豔陽下波光粼粼的海面。特別是顏色。圖書室是灰暗的，在那裡寫成的書也是灰暗的：字裡行間充斥著援引、參照、頁底註解、謹慎的說明、無盡的辯論。

最後還得說說文字工作者的身體：他的手、腳、肩膀和腿。書就像是生理狀況的表現。在無數的書冊裡，我們可以感覺到一具坐著不動、彎曲傾俯、縮成一團的身軀。走路的身軀是開展、撐張的，像一具弓：它像陽光下的花朵，向遼闊的空間全面開啟。胸部前挺，雙腿攤直，手臂前伸。

若要估量一本書，一個人，或是一部音樂，我們的第一個反應是問：他（它）會走路嗎？

——《歡愉的智慧》

那些閉關在四壁之間、插枝在座椅之上的作者，他們寫出來的書凝重而難以消化。那些書是桌上其他書冊編纂組合而成的產物。那些書就像被強制餵食的肥鵝，被引述和參考資料塞爆，被一個個註解壓得喘不過氣。它們沉重、肥胖，讀起來又慢又乏味又艱澀。他們寫書靠的是其他書，他們比較他人的文句，重複別人說過的話，而那些人說的又是他們以為其他人可能會說的話。他們查證、琢磨、修改，一個句子成為一個段落，再成為一個章節。一本書成為根據某個其他人的某句話而評論一百本書的結果。

反之，在走路時構思寫作的人不受羈絆，他的思想不受其他書籍奴役，不讓查證工作壓垮，不被他人思維牽制。他無須對任何人負責什麼，只需要思考、判斷、決定。這樣的思維誕生自移動、衝勁。我們在其中感覺到身體的彈性、舞蹈的動態。這種思維攫住我們，它表達出能量、身體的躍動。思索事物本身，沒有阻絕，不受干擾，不墜入迷霧，不在文化與傳統的關卡上無所適從。那不會是條理清晰的漫長辯證，而是輕盈而又深邃的思考。這正是這裡的關鍵賭注：思考越是輕盈，它就越能浮升，因而也益發深邃，因為它令人眩暈地拔地而起，垂直聳立在既有信條、輿論、學院知識的沉悶沼澤之上。相較之下，在圖書室中撰寫而成的書籍流於膚淺而沉重，終究停留在因襲固有的層次。

走路時思考、思考時走路，讓寫作成為輕鬆的停頓，彷彿走路中的身軀暫停稍歇，凝視遼闊原野。

對尼采而言，這意味著一種對雙足的頌讚。人不是用手寫作，而是用

「腳」來寫。腳是一名優秀的證人，可能也最可靠。閱讀一本書時，我們要試著知道腳是否「豎起耳朵」——因為尼采認為腳會傾聽，好比我們在《查拉圖斯特拉如是說》第二首「舞之歌」讀到的這句話：「我的腳趾頭豎起來傾聽——因為一名舞者是把耳朵掛在腳趾頭上的。」我們要試著探看腳是否在閱讀的喜悅中顫抖，因為打從一開始，腳趾頭就接獲舞蹈的邀約，迎向外在的召喚。若想評斷一部音樂的品質，也必須相信腳的感覺。如果聆聽音樂時，腳會按耐不住打節拍的欲望，如果它會想壓向地面然後奔躍而起，那就是個好兆頭。所有音樂都該邀人輕盈躍動。因此，華格納的音樂使人的雙腳沮喪不已，因為它讓腳恐慌，不知如何自處。更糟的是，它萎靡、拖拉、胡兜亂轉，還會鬧脾氣。

如同尼采在晚期作品中所言，人在聽華格納時不可能感受到跳舞的欲望，因為人被淹沒在迷宮般的音樂漩渦中，在混沌的洪流、迷離的拉扯中覺得枉然。

一旦這種音樂開始在我身上起作用，我立刻就感到難以呼吸：我的腳焦躁不安，想要叛變；因為它原本是想打節拍、跳舞、走路——它對音樂最主要的要求不外乎讓它陶醉，能夠好好走路。

——〈我對此有所批判〉（Là où je trouve à redire），出自《華格納事件》（*Le Cas Wagner*）

我們已經看到，尼采成天走路，他走路的身體迎向天空、大海、冰川，他隨之信筆捻來，記下那副身軀透過大自然的挑戰賦予他的思想啟發。這些步行經驗向來讓我感受到一種上升的運動。如查拉圖斯特拉所言，人是「旅行的人、攀登山岳的人；我不喜歡平原，我無法平靜地久坐不起；無論我的未來命運如何，無論我還能活出些什麼，我總是需要遷移和攀登；因為人唯有在此時才能體驗到自己」。[5] 對尼采而言，走路首先就是往高處走，爬升、攀登。

早在一八七六年，在蘇連多（Sorrento），他就選定城市後方山巒中的

5 〈旅者〉（Le Voyageur），出自《查拉圖斯特拉如是說》。

步道作為日常散步的據點。在尼斯時，他喜歡爬上一條通往山巔小村落艾茲（Èze）的陡峭山徑，在那裡垂直俯視腳底下深邃的大海。從席爾斯—瑪麗亞，他會沿著小路爬到高處的山谷。在拉帕羅，他喜歡攀登「暢快之山」，即亞列格洛山（Monte Allegro，「當地最主要的山頭」）。

內瓦爾（Gérard de Nerval）認為，森林小徑——宛如平坦的迷宮——以及低地平野邀請走路的身體迎向柔美與慵懶。彷彿飄盪的霧靄，記憶油然而起。在尼采的經驗中，空氣是更加鮮明強烈的，而且乾燥舒爽、純淨透明。思想通暢銳利，全面醒覺的身軀輕輕顫動。這時不會是記憶油然而起，而是判斷力砰然而降：分析診斷，新生想法，吉光片羽，犀利評判。

爬升的身體需要使力，它處在持續緊繃的狀態。它協助心智檢視周遭：再走遠些，再爬高些。不可以鬆懈，動員所有能量往前移動，把腳踏穩，慢慢把身體抬起，然後重新平衡。思緒也隨之攀高：一個想法通向另一個更高遠、更不可思議、更未曾聽聞、更新的想法。

最重要的是：不斷攀升。有些思維只有在從單調的平原和灘岸拔起六千呎，才可能迸現。

「在人類和時間之上六千呎。」那天，我走路穿越樹林，沿著西瓦普拉那湖前進；我在蘇爾萊附近不遠處的一塊巨大岩石下停下腳步，那岩石宛如金字塔般聳立。那一刻忽然靈光乍現，這個想法冒出來了。

——《瞧！這個人》

俯瞰世界在腳底下騷動。萬般皆下品，唯我獨翱翔……矗立在澄透的冰河上，隱約窺見下方遠處那匍匐在原處、彷彿停滯不動的芸芸眾生，這種感覺何等甜美！然而並非如此，思想高貴的尼采不會淪入這種高傲的蔑視與偏見。

此處的關鍵在於，若要能夠思考，眼前必須有開闊的視野，必須居高臨下，呼吸純淨透明的空氣。必須有一種瀟灑不羈，才能有遠大的思想。這時，細節、精準、正確性又有何重要！這時要描繪的，是人類運命的筋絡。從非常高遠的位置，我們看到了風景的移動，山巒的輪廓。歷史浮現了：古代、基督文明、近代與現代。這一切會導出什麼樣的類型、人物、精髓？當我們把目光緊貼在年份、史實，一切都捲曲在某個僵硬的特定狀況中。然而，真正重要的卻是建立小說，構築神話，刻劃共通命運。

我們還得再攀高好一段路，步履緩慢但堅定往前，直到抵達一處景色開闊的制高點，得以遠眺古老的人類文明。

——一八七六年七月份的信函

某種如路徑般清晰的東西。不是坐定不動者那種愚蠢的藐視心態，而是一種悲天憫人的情懷——尼采承認，那種悲憫一直是他特有的問題（「從童年時代開始，我就不斷證實『憐憫是我最大的危險』」）；那種悲憫讓我們看到人類的忙亂，看他們湧向祈禱所、運動場，沽名釣譽，尋求眾人認可，陷在悲哀的圖像中動彈不得——從本質上便貧乏。而從那高遠處，我們可以明白是什麼讓人類生病：定居者調配的道德毒藥。

還有，在長時間的步行途中，總會通過某個山口，看到另一片風景驟然展開。登高時步履維艱，然後轉身回看，腳下遼闊無邊；或者在小路彎折之處，忽而景緻有所轉換——一座山脈躍然眼前，一片壯麗等待我們投身。

這種視野的翻轉令人讚嘆，自古以來騷人墨客就創造無數詞句，歌詠著不同的視野如何不同凡響，新的風景如何神奇奧妙，伴隨而來的歡欣之情又是何等難以忘懷。

我們不難體認到，「永恆回歸」概念的起源一部分要歸功於走路的經驗，而且我們知道，尼采的長時間步行是在他熟悉的路徑上發生，他喜歡重覆走已經走習慣的路。任何人只要有過長時間走路、追求在道路轉彎處獲得另一番體悟的經驗，當他找到那份體悟，總會感受到景物中有一股顫動。一幅幅風景就這樣在走路者體內一再重覆著。這兩個存在之間的交感如同兩根弦的和鳴，在自己震動之際也接納了來自另一方的震動，反覆的激盪彷彿將無盡延伸。

所謂永恆回歸，也就是把兩個不同存在的個別震動轉化為共振的循環，讓這兩個肯定狀態的反覆交感開展在一個連續迴路中。風景的靜止與走路者的停頓相互映照，這個共同存在的強度催生出一個無止境的交流迴圈：明天，我一如既往將佇立此處，凝視這片風景。

◆

然而，時光之輪才轉到一八八〇年代中期，尼采卻已經不時抱怨無法再像從前那樣走路。他鬧背痛，被迫長時間坐在椅子上伸展身子。不過他還是堅持出門走路，只是距離必須縮短。有時他甚至讓人陪著走。眾人口中的「席爾斯村隱士」自此開始經常在保護者的陪伴下散步，例如一些崇拜他的女性：海倫．欽莫恩（Helen Zimmern，《教育家叔本華》的譯者）、梅塔．馮沙利斯（Meta von Salis，讓他成功打入當地上流圈的年輕貴族女士）、蕾莎．馮西恩霍夫（Resa von Schirnhofer，女大生）、依蓮．杜魯斯柯維茲（Helene von Druskowitz，哲學愛好者）。

走路的性質起了變化，少了一些過去的孤獨。尼采越來越像個風流倜儻的紳士，身邊圍繞著學養豐富的淑女。他帶她們參觀他獲得「永恆回歸」靈思地點附近的大岩石，也向她們娓娓道來他跟華格納之間起起落落的友誼。

病痛又慢慢纏身，一八八六年起，他再度為嚴重而持久不去的偏頭痛所苦。他又開始犯起嘔吐的毛病。每次出行以後，他都必須花許多天恢復體力。有時，光是出門散步的時間稍長，他就會累上好幾天。

他越來越討厭都市生活，覺得城市汙穢且花費昂貴。冬天南下尼斯避寒時，他沒有錢租住朝南的房間，因而苦於寒冷。夏天在席爾斯，他總覺得天氣經常很糟。威尼斯令他心情低落得無以復加。他的狀況日益惡化。

最後的蛻變來到。尼采生命最後一幕的開場彷彿一首重生之歌，一曲歡樂頌。他在一八八八年四月首次探訪杜林。彷彿又一次靈光乍現：這座城市擁有絕對的古典氣質，「對雙腳與對雙眼都是如此——多麼不可思議的砌石街道！」沿著波河而行的悠長漫步使他心蕩神馳。

在席爾斯度過異常陰霾的最後一個夏季（「揮之不去的頭痛，反反覆覆的嘔吐」），他在九月間回到杜林。又是一陣雀躍，又是同樣的奇蹟。

那是一個驟然降臨的幸福狀態，他忽然享有美妙的健康，彷彿魔棒一揮，所有痛苦戛然而止。他步履輕盈，活力四射。他文思泉湧，振筆疾書。他的眼睛不再刺痛，他的腸胃可以肆無忌憚。

幾個月之間，他的創作能量宛如星火燎原，接連讓他寫成好幾本書。白天，他帶著熱情走路；夜裡，他寫下一頁又一頁筆記，為他以「價值跨估」（Transvaluation）為主題的巨著做準備。

一八八九年一月上旬，約瑟夫．布爾卡特[6]接到一封尼采於六日寄出的信函。他感到緊張，那是一封神經錯亂的瘋子寫的信（「總歸一切，我還是寧可在巴塞爾當個教授，也不要當上帝；可是我猶豫著無法讓自己變得自私自利到放棄創造世界的程度」）。

尼采在那年一月的第一個星期寫下的其他信件，也顯出同樣的狀態。他以「迪奧尼索斯」[7]或「受釘刑者」的名義簽字（「一旦我被發現，你要找到我就容易了；現在的困難之處在於如何失去我」）。

布爾卡特火速通知歐維貝克，歐維貝克旋即趕往杜林。他花了一番力氣才找到尼采在菲諾家租的小房間。

尼采的房東已經一籌莫展：他變得無法控制。他會攀附在一匹可能被主人打過的馬匹的脖子上哭個不停。他會一邊走路一邊胡言亂語，向群眾訓話，跟著葬儀隊伍行進，說自己就是死者。

歐維貝克走進房間，發現尼采癱坐在扶手椅上，形容憔悴，神情慌張地看著他最後一部作品的校樣。他抬起眼睛，看到多年老友。驚訝之餘，尼采站起來擁抱眼前的人——他認出這位朋友了。他哭了起來。一邊哭，一邊抱得更緊，彷彿他看到腳底下的地面正在裂成深淵——歐維貝克後來這麼寫道。

然後尼采重新坐下，再度蜷縮成一團。

他開始振振有詞，他是個王子，所有人都必須尊敬他。他被帶上火車：他一邊聲嘶力竭地唱歌一邊高聲叫嚷。他發瘋了。好友不得不告訴他，家鄉的人已經準備好配得上他身分的盛大宴會等著歡迎閣下榮歸，他才終於乖乖跟著返回巴塞爾。

尼采發瘋了。他被送到巴塞爾的醫院。他從巴塞爾轉到耶納（Jena），但情況沒有明顯好轉。他的母親最後決定帶著他回到他在南堡（Naumburg）的家。直到她過世，她一直犧牲奉獻，以無比的耐心、愛心照顧他。她為他清洗，呵護他，安慰他，帶他散步，看視他，為時七年。

尼采越來越把自己閉鎖在沉默的世界，偶而開口總是語無倫次。他的話

6 布爾卡特（Jacob Burckhardt，1818-1897），瑞士籍文化史及藝術史學者，尼采在巴塞爾大學的同僚及友人。
7 在希臘神話中，迪奧尼索斯（Dionysos）是掌管葡萄收穫、釀酒工藝、葡萄酒、豐饒、戲劇、宗教狂喜的神，與羅馬神話中的酒神巴庫斯（Bacchus）相對應。

語斷斷續續，不成句子。他不再思考。有時他還能在鋼琴鍵盤上即興彈奏一曲。他再也不曾患偏頭痛，他的眼睛也不再折磨他。

他的母親明白，只有長時間的散步有助於兒子的健康。但這件事並不容易：在街上，他會找路人麻煩，發出野獸般的咆哮。母親很快決定減少出門頻率，因為她感到羞恥，她羞恥自己四十四歲的大兒子像熊一樣吼叫，或者對著風咒罵。真要帶兒子出門時，她會利用傍晚時間；那時光線已經昏暗，街道上也沒了行人，他可以隨意叫喊而不至於干擾到別人。

可是很快地，身體本身成為他的障礙：他的背部逐漸癱瘓。尼采又回到扶手椅上，他必須讓人推著才能移動。他可以連續盯著自己的手看好幾小時，或者拿起書低聲嘟囔，只不過書是拿反的。他蜷縮在座椅上，無視於周遭的活動。他重新變成了嬰孩。他的母親推著他的輪椅在涼廊上走動。一八九四年秋天開始，他無精打采，只能認得幾個最親近的人（母親和姊姊）。絕大多數時間，他都靜止不動，縮在座椅中，凝視著自己的雙手。偶而他才說出幾句話：「總而言之，死了」、「我不播撒馬匹」、「光線沒了」。

崩潰來得緩慢，但無可避免。他雙眸凹陷，眼神退縮得令人望之愕然。

一九〇〇年八月二十五日，他在威瑪告別人生舞台。

我對未來的人類而言極有可能會是一個宿命，唯一的宿命——因此有一天，我絕對可能出於對人類之愛而變成啞巴！

Dehors

在外

走路就是置身在外。在外，在戶外的開放空氣中。走路促使都市人的邏輯被倒轉，甚至我們最平常的處境也被顛覆。

當我們走到戶外，我們總是為了從某個「室內」走到另一個「室內」：從家裡走到辦公室，從住所走到附近的商店。我們走出戶外是為了到其他地方做某件事。戶外是一個過渡，是兩個點之間的分隔，幾乎是一道阻礙。在這裡和那裡之間。但「戶外」並沒有自己的價值。從自家到地鐵站這段路，我們不分晴雨天天在走，步履急促，精神緊繃，思緒依然沉浸在私人生活的細節，但卻已向工作職責投射；我們的雙腿奔跑起來，手則緊張兮兮地在口袋裡摸索，檢查是否忘了什麼。「戶外」幾乎不存在：它就像一條分隔兩個空間的大走道，一條隧道，一扇巨大的出入門。

有時，我們出門也可能只是為了「透氣」：為了把自己抽離靜止不動的室內牆壁和日常物件，因為我們覺得待在屋內太悶，因而當戶外陽光閃耀，繼續抗拒那燦爛的光線和日光浴的邀約，就顯得有失公道。於是，我們出門走幾步路，就只是為了置身在外，而不是為了前往某個地方。感受春風拂面的暢快，冬陽撫觸的溫柔。這是一個間奏，一段我們為自己安排的休止。兒童也會只為了出去而出去。這時，「到外面」代表的是玩耍、跑跳、嬉戲。年歲稍長，「出門」又有了新的意義：與朋友相約，遠離父母的視線，做一些其他的事。但最常見的情況是，「戶外」再次成為兩個「室內」之間的空白，一個中繼，一個過渡。一個需要耗費時間的空間。

在外。

在為時數天的步行中，在長途健行時，一切都翻轉了過來。「戶外」不再是過渡，而成為代表穩定性的元素。情況有所反轉：我們從一座旅店前往另一座旅店，從一棟山屋走到下一棟山屋。永遠是「室內」在改變，無盡的變化。我們沒有一天是睡在同一張床上，每天晚上永遠是不同的人在招呼我們。不同的裝修，不同的氣氛，帶來一次又一次的驚奇。牆壁、石材，今天是一個樣，明天又換了樣。

我們擱下行腳。身體累了，夜幕降臨，休息的時候到了。但這些室內每一次都只是一個座標，一個過渡，一個讓人能在外留得更久的手段。

還有，每天早晨剛踏出的步伐總帶來一種奇特的感受。我們研究過地圖，決定了路線，與旅店主人道別，把背包背穩，找到步道入口，確定方向正確。這些步驟都需要一定程度的原地踏步、回頭、停頓——停下腳步，確認細節，躊躇一陣。然後路徑開展，我們邁開步伐，走出穩健的韻律。我們抬頭挺胸，出發了，但這樣的出發是為了走路，為了滯留在外。這就對了，我們進入狀況，達到目的。在外成為我們的本質，我們精確地感受到自己居住在外。我們離開一座山屋前往下一座，但連續不斷的、堅持存在的，是環繞在我周遭的地形起伏，是永遠佇立的綿延山丘。是我在繞著它們走，我漫步其間，彷彿在自家踱步；走著走著，我量度起外面這個家的規模。我們必須經過的那些中繼站，我們穿過然後又拋在身後的那一切，是一間間一夜客房、一晚餐室，還有那裡的居民，那裡的鬼魂，但風景卻恆久不變。

於是「戶外」與「室內」的重大區隔被走路推翻了。我們不該說我們穿越山巒與平原，然後駐留在某處小屋。事實幾乎相反：在許多天時間裡，我居住在一片風景中，我慢慢擁有它，把它當成我的據點。

這時，早晨出發時那種奇異的感受就可以綻放開來了。當我們把休息處所的牆壁拋在身後，當我們重新讓原野的風吹過臉頰，置身在世界的中央——接下來一整天，我都會在我這個家，在我走路的同時，我也將駐留在這個家。

Lenteur

慢

很久很久以後，我還會記得他說的那句話。我們在義大利阿爾卑斯山區爬一條陡峭的山路。當時的馬提歐比起我有一個超過半世紀的優勢：他已經年過七十五。他身形瘦削如竹竿，大大的手非常粗糙，臉部凹陷，而他總是挺直著身子。他走路時雙手抱胸，好比我們在天氣寒冷時所做的動作。他穿著一條米色帆布褲。

他教會我走路。方才我不是還說，走路不是學習來的，至少在走路本身這件事上，我們不需要技術，不講求抵達與否，不在乎該這樣做或那樣做，重新邁開步履，重覆同樣動作，集中精神，這就對了。走路嘛，大家都知道怎麼做。一隻腳挪到另一隻腳前面，量出適當跨距，踏出適當韻律，就這麼走到某個地方，不管那是哪裡。只要一直重新踏出步伐就行。

一隻腳挪到另一隻腳前面。

可是當我說「學習」，我的意思是學到一句話。我們在一條陡峭的上坡路上走了好幾分鐘，忽然後方出現某種壓力。一群熱鬧的年輕小伙子想快步前進，他們想超過我們，腳在地上踏得有點猛，刻意讓我們感覺到他們的急促步伐。於是我們往路邊靠，讓這個喧鬧、匆忙的隊伍通過，他們則報以自豪的微笑。馬提歐看著他們的背影說：「怎麼，他們走這麼快，難不成是害怕到不了？」

這裡頭的教訓是，恰當的「慢」才是人在走路時真正的自信表徵。不過我想談的是一種走路者的慢，它並非「快」的絕對相反。這裡的慢，首先是一種步伐上的極度規律和均勻。當一名走路者達到這個境界，我們幾乎可以說他是在滑行，或者應該說他的雙腿在旋轉，在空氣中描繪出圓圈。不上道的走路者可能有時走得快，忽然加速，而後又放慢腳步。他的動作斷斷續續，他的雙腿勾勒著破碎混亂的角度。他的快速來自猛然加速，然後隨之而來的是喘不過氣。他刻意做出斗大的動作，每一次都是有意識的決定，讓身體承受往前推拉的力量。臉頰泛紅，汗水淋漓。所謂慢，是這種快的相反。

來到山頂，我們又碰上那群「運動員」，他們坐在那裡興致高昂地為自己評分，做出一些不可思議的計算。他們之所以走那樣快，是為了「創下時間」。創下時間？真奇怪的講法。我們在山頂逗留片刻，欣賞四周風景，那群年輕人繼續長篇大論地評論他們的戰果、滔滔不絕地做各種比較，而我們慢慢地離開。

速度帶來一種假象，讓人以為它能幫人爭取時間。單純的計算乍看之下相當合理：做同一件事花三小時而不是兩小時，這樣就省下一個小時。然而，這種計算卻是抽象理論：我們必須假定一天中的每一個小時都是時鐘上的機械小時，具有絕對相等性。

可是，匆忙與速度會加快時間的腳步，使它走得更快，緊張匆忙的兩小時使一天時間縮短了。每一個片刻經過分割、填爆，都被撕裂了，我們在一個小時中堆積出山一樣高的事物。

慢慢走路的日子更加悠長——它讓人活得更長久，因為每一分鐘、每一秒鐘都得到了呼吸、深化的機會，而不是被塞到接縫被撐開。匆忙就是同時火速進行好幾件事。這件做著又做那件，然後另一件事又來報到。人在匆忙的時候，時間擁擠到爆裂，彷彿一個被各種物品塞得雜亂無章的抽屜。

所謂慢，就是完美地貼合時間，直到分分秒秒宛如沙漏低流，像小雨般滴滴答答地敲打在石頭上。這種時間的延展深化了空間。這是走路的奧妙之一，用一種慢慢靠近風景的方式，使風景逐漸顯得熟悉。有點像是細水長流，或說君子之交淡如水。於是，我們一整天凝視著一座山的形體，在各種不同光線中捉摸它，看它逐漸展現清晰的輪廓與稜角。搭火車或開車時，我們看見一座山朝我們而來。又快又準的眼睛以為自己懂了一切，掌握到一切。走路時，周遭的一切沒有什麼在真正移動，而是某種萬物的存在逐漸駐居在走路者的身體中。走路時，我們不是在朝什麼東西接近，而是遠處事物益發堅決地在我們體內蔓延。

風景是一盒滋味、色彩與氣味，等著走路者的身體浸潤在其中。

La rage de fuir 遁逃的怒狂 ╳ Rimbaud 韓波

「我無法給你回郵地址，因為我自己並不知道接下來我會被帶引到什麼地方，會走哪條路，會去哪裡，為什麼去，怎麼去！」

——寄自亞登的信函，一八八四年五月五日

在魏爾蘭[1]心目中，他是「鞋底如風的人」。他自己在年紀很輕時則是這麼自我評判：「我是個行人，就只是行人。」韓波[2]一生都在走路。

固執地走路，狂怒地走路。十五歲到十七歲之間，他走路前往一些大城市：他走路到充滿文學希望的巴黎，設法打進主流文學圈，認識像他那般寂寞得絕望的詩人，設法讓自己受到喜愛（並讓詩作獲得青睞）；他走路到布魯塞爾，試著在新聞界闖出一番事業。從二十歲到二十四歲，他數次踏上通往南方的道路。回到家鄉度過冬季。準備下一場旅行。在地中海的港口（馬賽、熱那亞）和夏勒維爾[3]之間來來回回。往陽光走去。從二十五歲到他去世，他走上沙漠的道路。走在豔陽中。從亞登[4]到哈拉爾[5]，他走了好幾次。

加油！走路，包袱，沙漠，寂寥，憤怒。

◆

十五歲的韓波對詩人的城市——巴黎深深嚮往，而由於他在夏勒維爾真

---

1 保羅．魏爾蘭（Paul Verlaine，1844-1896），法國象徵主義詩人。
2 韓波（Jean Nicolas Arthur Rimbaud，1854-1891），法國象徵主義詩人。
3 夏勒維爾（Charleville）是韓波的出生地，位於法國北部鄰近比利時邊界的亞爾丹（Ardennes）地區。
4 Aden，位於葉門。
5 Harar，衣索匹亞東部的一個地區。

的感覺太寂寞、也太無用，他帶著滿懷的天真夢想，離家出走。他走路離去，在一個八月的清晨，沒有留下隻字片語。

他可能一直走到吉未（Givet），在那裡上了火車。但他賣書的錢（都是一些頗有身價的書，因為他是個優異的學生）不夠讓他買前往巴黎的全程票。在巴黎的史特拉斯堡車站[6]下車以後，警察已經等著他：他被逮捕，罪名是偷竊、流浪，他被帶到警察局，接著被送到馬薩斯監獄。他的修辭學老師——大名鼎鼎的伊桑巴爾（Georges Izambard）——飛奔到巴黎解救他；為了讓他的好學生順利出獄，他付給鐵路公司韓波沒買票的那段路的車錢。因為打仗的緣故，通往夏勒維爾的鐵路線依然中斷，於是韓波轉往杜埃（Douai），住進把他保出來的老師家。他在那裡度過了一段幸福快樂的日子，討論文學，讓大姊姊們疼愛。但他的母親把他召了回去。

不到一個月之後，韓波又賣了一些書，再度離家出走。他買了火車票搭到富邁（Fumay），然後靠雙腳繼續旅途，沿著默茲河（Meuse）前進，經過一座座村莊（維霍、吉未）。

> 靴子已經破了八天，因為
> 石礫遍地。我返回夏勒維爾。

這次他向《夏勒維爾日報》毛遂自薦要上班，但沒被接受。於是韓波前往布魯塞爾，身無分文的他依然是靠雙腳走路，心裡希望在那裡能找到他的庇護人伊桑巴爾老師——這段路長五十公里。

> 拳頭塞進破口袋，我毅然上路
> 我的大外套頓時變得非常理想
> 我走在蒼天下，繆思！我是妳忠僕
> 噢拉拉！滿懷多美妙的愛情夢想！

五十公里的喜悅與驚嘆，雙手插在口袋，憧憬著文學的榮耀與愛情。只

---

6 即現在的巴黎東站（Gare de l'Est）。

是伊桑巴爾不在那裡。老師的好友杜杭給了他錢回家。韓波沒有直接回家，而是到杜埃，他的新家：「是我，我回來了。」他抵達時身上多了誕生在路途上的詩作——一些關於遁逃的想像，他是在路徑轉圜、雙臂擺盪間，把那些詩句構思出來的。

幸福的詩句，洋溢鄉間客棧的休憩和歡樂。心靈因為完成一段路程而滿足，身體盈滿空間。那是年輕。

幸福的我讓雙腿在桌下舒展。

秋季，在一片金黃的色澤中，他一天天走路。外頭，在路邊，在星辰穹頂底下，夜色蕩漾著笑意。

這天我的旅店在大烏爾蘇。

——我的星星在天邊柔和地窸窣。

韓波把他發明的詩句悉心抄寫在大張白紙上。快樂的他可以感覺新的家人對他的疼愛。他十六歲。十一月一日，韓波的母親（「陰影之嘴」）命令伊桑巴爾立刻把兒子交還給她。這個任務由警方執行，「這樣才不必花錢」。

一八七一年二月，普法戰爭爆發。韓波依然夢想著巴黎，儘管他跟巴黎的第一份情緣只限於監獄牆壁。冬末的夏勒維爾，嚴寒遲遲不願散去。韓波擺出神氣姿態，把頭髮蓄成無法無天的長。他叼著菸斗，在大街上大搖大擺。他滿心激憤。又一次，他一句話不說，暗地裡籌劃新的遁逃。這次，他賣了一只銀錶，終於有了足夠的錢買火車票直達首都。二月二十五日，他在巴黎街頭遊蕩，激動地看著書店櫥窗，詢問詩界新訊，在運煤船上過夜，吃殘羹剩菜，急切地設法跟文學圈取得連繫。但那不是一個適合文學的年代：普魯士大軍開進京城，花都披上黑紗。韓波口袋鬆垮垮、肚腹空蕩蕩，他穿越敵軍陣線，徒步返回家鄉，運氣好時可以搭上一趟農車。他回到家裡時，「已經夜半三更，他幾乎一身赤裸，鬧著嚴重的支氣管炎」。

春天來到時，他是否再度出發？那是傳說還是真實？這件事一直成謎。

我們還有可能知道嗎？韓波聽到巴黎公社的消息，想必渾身震顫。困在夏勒維爾的他只要想到遠方在發動起義，就掩不住激憤之情；他可寫過共產主義憲法！他在童年時期是虔誠教徒，但後來成為堅貞的共和主義者，瘋狂反對教會。那場以博愛與自由之名發起的反抗運動令他如癡如狂：「秩序被征服了」。巴黎公社在三月份宣布成立。據說四月間，他也來到巴黎。沒有人真的知道。德拉埃[7]說他志願加入義勇軍，成為巴比倫軍營一員，擔任游擊隊員。這個橋段維持了兩星期。據說他是搭運煤船抵達巴黎，離開時則又是用走路，一貧如洗，氣喘如牛。當人沒錢時，就是這副光景。

他第四次（或者只是第三次？）前往巴黎。這次非得功成名就不可。一八七一年秋天，他即將滿十七歲。這次他母親被告知了。那幾乎算是一次官方旅行，因為，有人在那邊等著接他。他甚至透過關係，獲得魏爾蘭的邀請；他把詩作寄給魏爾蘭，一舉征服了他的心（「來吧，快快來，偉大親愛的靈魂」）。家鄉的人籌錢幫他買車票。他把《醉船》（*Bateau ivre*）帶到巴黎，那是他的擔保物，他的貢品，他的證明。

接下來漫長三年發生的事我們知道，魏爾蘭供養韓波，兩人維持三年的關係充滿激情，彷彿一場颶風：「咒罵詩社」[8]的行徑，三次紛紛擾擾的倫敦宿遊之旅，惡名昭彰的縱飲狂歡，驚天動地的暴風雨之後緊接著的甜蜜和解，最後不幸讓一切劃下句點的布魯塞爾槍擊事件[9]。魏爾蘭鋃鐺入獄。他的烈火情人數度「返回原點」——回到夏勒維爾或羅許[10]。一如既往，他悶得抓狂。他與魏爾蘭的戀情造成文學圈子與他疏離。打從一開始，他在巴黎就已豎立不良形象：糟小子、汙穢粗鄙的混混，惡習難改的酒鬼。

一八七五年，他二十歲。他寫了《地獄一季》（*Saison en enfer*）、《彩畫集》（*Illuminations*），可能還有已經永遠散佚的《心靈追獵》（*Chasse spirituelle*）。此後他不再創作。《地獄一季》是一場出版災難，他沒錢支付給

---

7 德拉埃（Ernest Delahaye，1853-1930），韓波的兒時同窗，也是韓波與魏爾蘭的長年友人。

8 咒罵詩社（Cercle des poètes zutiques）是一個在一八七一年至一八七二年間於巴黎左岸「異鄉人客棧」（Hôtel des Étrangers，目前仍為一家旅館，但名稱已改）聚會的詩人團體，他們出版《咒罵詩集》，嘲諷十九世紀後期以反抗浪漫主義及抒情主義為主旨的高蹈派（Parnasse）詩人。

9 一八七三年七月，韓波和魏爾蘭一起前往倫敦，但魏爾蘭忽然說要跟妻子復合，於是匆匆返回比利時，還表示如果妻子不接受他，他就要舉槍自盡。韓波到布魯塞爾的旅館找他，不相信魏爾蘭敢自殺，後來韓波要離開時，喝醉酒的魏爾蘭向韓波開槍兩次，使韓波手腕受傷。

10 Roche，是韓波家的農場所在處。

出版公司，最後只帶了幾冊走。《彩畫集》一直到他去世都沒有出版。短短五年間，一個小無賴使文學起了大變動。但他沒有再寫過一首詩。他是寫了不少電報風格的信件（閃電函），不過再也沒寫詩。但他還是走路，固執地走，一直走。

這次他要走到天涯海角，他關在房裡獨自學習語言。他研讀德文，開始學義大利文，打算學西班牙文，研究一本希臘文—俄文辭典，應該也學了一些基礎阿拉伯文。五年之間，他整個冬天發憤學習。等到春光乍現，他才又開始邁出走路的步伐。

一八七五年：他來到斯圖加特，決定從那裡前往義大利。他通過瑞士，先是搭火車，但很快發現錢又花光了。他用雙腳繼續旅行，攀越過聖戈塔（Saint-Gothard），筋疲力竭地到達米蘭，那裡有一名神祕女子幫他接風。他打算走路去義大利東南端的布林地希（Brindisi）。半路上，在利佛諾（Livorno）和錫耶納（Siena）之間，他中暑倒下。他被送回馬賽，接著回到巴黎，然後又再度返回夏勒維爾。

一八七六年：與其說是走路，更像是冒險。他請人把頭髮剃掉，啟程前往俄國，但最後他只到了維也納。他被發現時被一名馬車夫打得遍體鱗傷，幾乎奄奄一息，身上沒有任何證件。他加入荷蘭軍隊，但在印尼薩拉提加（Salatiga）時成了逃兵。

一八七七年：他前往不來梅，設法轉往美洲，但中途又耽擱了下來，在斯德哥爾摩一處馬戲表演場當售票員。隨後，他又返回夏勒維爾。

一八七八年：在馬賽，他搭上一艘船前往埃及，但很快就生病被送回國。他走路回到家鄉，而後又動身前往瑞士。他再次走路跨越聖戈塔隘口，抵達熱那亞，從那裡搭船前往塞浦路斯（他被雇用到那裡當工頭）。但在一八七九年春天，他高燒不退，又返回了家鄉。歲末初寒時分，他再次決定南下馬賽，但半路上又發起燒來，只好半途而廢。

又一次，同樣的動作，同樣的緩慢擺盪：冬天，他悶在家中，啃外語辭典，美其名是韜光養晦；其他時間，他設法繼續碰運氣。

一八八〇年，他重新出發，又是前往塞浦路斯。不久後，他從那裡倉促離去（據說他打死了一名工人，但這事是真是假？），他沒有回到北方，而是繼續前往之前從不曾到過的更南方。通過紅海，直抵亞登。

他的人生最後一幕就此展開：十年之間，他穿梭在亞登和哈拉爾之間，跋涉在沙漠和山岳裡。

攝氏四十度。亞登彷彿一個烤箱。韓波負責監督咖啡豆篩選，受到上司賞識。定居當地的商人巴爾迪打算在內陸的高原上、在阿比西尼亞[11]的哈拉爾開設新據點時，頭一個就想到他。那裡海拔一千八百公尺，擁有溫帶氣候。韓波答應了這個任務，開始籌組駱駝商隊。

到哈拉爾的路途超過三百公里，穿越荊棘、石漠、森林、山岳，然後越過一連串隘口。韓波騎的是馬，但多數時候他還是必須下馬走在地上。商隊緩慢前行，旅程費時兩星期。

抵達目的地以後，這位新辦事處的新員工忙著適應環境，時而悶得發慌，時而精力充沛，組織遠征商旅。一年在哈拉爾，然後返回亞登，然後又是哈拉爾，接著再度回到亞登。總是同樣的路途，同樣的疲憊。隨著辦事處業務性質的變動，他的職稱也不斷更換。業務並未真正開展。他有各種瘋狂的計畫，但不是維持不久，就是賠錢告終。他想多賺點錢，讓自己終於能安頓下來過好日子。

一八八五年，他終於有了或許可以讓他發大財的點子。他請商隊把一批軍火運到紹阿（Choa），打算在那裡把貨賣給國王孟利尼克（Ménélik）。他把所有積蓄投資在這上面。他找到兩個同夥，兩位生意夥伴，索萊耶和拉巴圖。這兩人不久後就一命嗚呼。韓波不肯放棄。他繼續投注（「路很長，走路到安科雷爾（Ankorer）幾乎要花兩個月」），然後在一八八六年九月上路。費藍迪[12]看著他離開：「他在商隊前面領頭，總是用腳走路。」、「一段五十天的路，通過最乾旱的沙漠地帶。」從塔朱拉（Tadjourah）到安科雷爾，孤寂的小路穿越了無生機、一望無際的玄武岩荒漠。地面如火烤般灼熱。那是一些「恐怖的路，令人聯想到想像中的月球風景那種恐怖」。抵達以後，他沒找到國王。遠征商旅結果是一場財務災難。疲憊不堪的韓波回到哈拉爾。失去一切的他慢慢重新做起小生意。

直到有一天，他的膝蓋開始疼痛，腫成離奇的一大塊。

11 Abyssinie，即今天的衣索匹亞。

12 費藍迪（Ugo Ferrandi），義大利探險家，在亞登擔任一家歐洲公司的業務代表，是韓波在當地的友人。

這一年，他三十六歲。

◆

亞瑟．韓波，十五歲：體弱多病的少年，藍色的眼眸又堅定又迷離。離家出走的日子，天剛破曉，他摸黑起床，一聲不響地把門帶上。然後，他心跳急促，在陰影中看見白色的小路緩緩甦醒。「上路吧！」

用雙腳走路。不斷走路，用那雙「舉世無雙的腿」量度大地的寬廣。多少次，從夏勒維爾走到夏勒華[13]，多少次，在那些烽火連天、學校停課的年月裡，他與好友德拉艾一起走到比利時買菸草；多少次，他從巴黎走路返鄉，身無分文，飢腸轆轆。又有多少次，他奔向南方，走到馬賽，走向義大利。最後又有多少次，他走上沙漠的道路（從塞拉〔Zeilah〕到哈拉爾，以及一八八五年的遠征商旅）。

每一次都用雙腳走路。「我是個行人，就只是行人。」就只是行人。

為了走路，為了前進，必須要有滿腔憤怒。他的每一次遠行之初，內心總有這樣的嘶吼，這樣的狂喜。

上路吧，帽子，風衣，雙手插口袋，出門吧。

前進啊，路！

上路！

你就這樣一直走。

為了離開，為了走路，必須要有滿腔憤怒。而這不是來自外在。不是因為原野的召喚、真理的願景、寶藏的誘惑而出門走路。而是從最初就存在於內心的怒狂。在胸腹之間，一種身在此處的痛苦，不願停留在原處，不要還沒活就被埋沒，不可以苟且偷生。你們那裡天氣不好，他從位於山上的哈拉爾寫道。你們那裡冬天太長，雨太冷。可是在我們這裡，在阿比西尼亞，這份困苦與寂寥，這種癱軟的靜止，同樣令人無可奈何：沒有東西可讀，沒有人可以說話，沒有錢賺。

「此處」是不可能的同義詞。不可能在此處多待一天。此處太「殘酷」。

13 Charleroi，位於夏勒維爾北方約一百公里的比利時境內。

必須離開。「前進啊，路！」所有路都可以走，所有路都通向太陽，通向光明，通向固執的盲目。他方或許不見得更好，但至少遠離此處。為了去到那裡，必須有路，必須走路。「拳頭塞進破口袋。」只有在路上，在步道上，在小徑上，我們才不再置身「此處」。

再會了此處，任何地方。

走路作為憤怒與空洞決定的表現。上路一直就代表著離開，拋在身後。在這種走路離開的決定中，一直都有某種毅然決然的本質，而交通工具從來就缺乏這種本質，因為我們隨時可以回頭，沒有什麼是不可逆轉的。因此，當我們準備走路離開，我們總有一股摻雜焦慮與陶然的情緒。我們焦慮，因為我們拋下了一些東西（「回來」代表的是一種失敗；靠走路是不可能回來的；除非是簡單的出門散步，否則當我們走上長長的路，走好幾天的路，我們不可能回頭；走路是不斷往前，路途遙遠，貿然回頭會是好幾小時的時間損失，而天氣又是那麼陰霾沉重）。可是，正因為我們把一切拋在後頭，我們也感到輕飄飄；其他人留在原處，固守在那裡，困頓，僵化，而我們卻輕飄飄地震顫著，一陣清風正把我們吹向他方。

遁逃到巴黎，漫步在倫敦，走行在比利時，穿越阿爾卑斯山，在荒漠中長征。最後來到哈拉爾，膝蓋腫大得不成模樣。一八九一年二月二十日，他寫道：「我現在很不好。」他失眠，因為他的腿使他痛苦不堪。但憑藉著對痛苦的過人忍受力，他繼續工作、活動。奮力地活著。當那條腿終於變得完全僵硬，他決定離開，賠錢讓出生意。四月七日，清晨六點，他坐上擔架，永永遠遠地離開了哈拉爾。他雇用六個人輪流抬他走。整整十一天頑強不去的痛苦。有一次，他甚至連續十六小時暴露在滂沱大雨下。「那真是苦不堪言。」十一天之中，用擔架抬著、搖晃著前進三百多公里，而他原本卻是那麼能走善跑的人物！抵達目的地時，他已經沒有一絲力氣。「我的膝蓋腫得嚇人，疼痛不斷加劇。」他停留了一小段時間，把業務做了處理，然後再度登船（亞馬遜號），十一天後抵達馬賽。

他被送到無玷始胎醫院。「我很痛，真的很痛。」他不得不接受緊急截肢手術，截斷處遠超過膝蓋上方。「醫生說我還得待一個月，出院以後還要很久才能慢慢恢復走路。」傷口結疤得算是順利。「我訂了一條木腿，只有兩公斤重，八天後就做好了。有了它以後，我會慢慢試著重新走路。」無法行動使他滿心怨忿。他的母親南下探望他一陣子，然後又走了。「我什麼都想做，哪裡都想去，我想見識、生活、離開。」他無法再忍受醫院，於是決定搭火車回羅許，回到家人身邊。二十年之後重新返鄉，回到原點。他的妹妹伊莎貝兒以無比的愛心照料這個愛發脾氣的兄長。但他的狀況卻出現惡化。他幾乎無法進食，夜裡難以成眠，整個身體都使他疼痛不堪。他每天喝罌粟花茶。

他消瘦了，脆弱得有如一片秋葉，可是他卻決定再次離開。最後一次奔躍。北部的夏天實在太冷了。南方就算酷暑難當，他也要在馬賽再度登船。接著會是阿爾及爾，或者亞登。他的身體已經承受不住，但他要再次出發，他出發了。「主啊，當祢的草原一片嚴寒。」尋找陽光。八月二十三日，他的妹妹陪他搭上火車。從家裡到馬車，從馬車到火車，從一座車站到下一座車站，每次移動都是一場奮戰。一抵達馬賽，他就被送進醫院。這趟旅行把他完全整垮了。

對負責治療他的醫生們而言，他已經無藥可救。這將是他的最後一個停泊點。最樂觀的估計表示他還有幾個星期可活，最多就幾個月。沒有人告訴他實際狀況。九月三日，他勉強穩住發抖的手，在便簽上寫下這幾句話：「我還在等人工腿。送到以後馬上寄給我，我急著從這裡離開。」他還在等他的腿。還想走路。他每天提那條新腿的事，他非要拿到那腿不可，因為他要「試著站起來走路」。他越來越痛苦，他看著窗外強烈的藍天，感受到它的召喚，他哭了。他彷彿是在責備自己的妹妹：「我就要到地底下去，妳卻還會在陽光中走路！」他的關節僵硬日益嚴重，整個身體逐漸僵直：「我只是一段不會動的木頭了。」他幾乎任何時候都得施打嗎啡。可怕的痛苦也以另一種形式出現。十一月初，他開始發譫妄。這將是他在「此處」的最後一個星期。

在伊莎貝兒的回憶錄[14]中，在〈韓波臨終時〉那段裡，若要我做選擇的話，比起最後皈依主的懷抱那段敘述，我更欣賞韓波彌留時的譫妄情景。他在床上動彈不得，上肢已經癱瘓，不久後，他的心臟也會跟著僵硬。他在昏

14 由法蘭西信使出版社（*Mercure de France*）出版，書名為《聖物》（*Reliques*）。

迷中囈語：他看見自己在走路，他重新出發上路。他來到哈拉爾，從那裡還要繼續前往亞登。「上路！」多少次，他叫著：「上路！」韓波無法控制地囈語：要安排商隊，去找駱駝。他做起夢：他的機械腿做得很成功，「有了新的活動關節腿，他很容易就又可以走路了」。他奔跑，滿腔狂怒催促著自己離開。「快，快，大家在等我們，打包好行李就出發。」他的最後一句話：「快，大家在等我們。」他發起脾氣：不該讓他睡這麼久的，因為時間很晚了。太晚了。

「主啊，當祢的草原一片嚴寒。」走得遠遠的，一再逃離他的家人，他的母親（「那個老闆娘」），逃離亞爾丹地區的寒冷、在陰暗森林中呼嘯的冰風，逃離悲傷與寂寥，陰霾的天空，黑暗的日子，飛翔在太過灰暗的天空中那些黑烏鴉，逃離冬天可怕的森沉。逃離那些坐定者的愚蠢與鄙俗。「拋下五月的鶯。」

走路。我在韓波身上找到這種意味著遁逃的走路形式。這種當一個人拋下一切、開始走路時總會感受到的深刻喜悅。一旦走下去，就不要期望回頭。準備好了，出發上路。還有由疲憊、精力耗竭、忘記自我、忘卻世界的狀態衍生而來的、與出發的喜悅互補的另一份巨大喜悅。所有從前的故事，那些令人煩悶的耳語，都被腳步踏在路上的敲擊聲淹沒了。我們一直知道為什麼我們走路。為了前進、離開、奔赴，再離開。

走吧，上路！

我是個行人，就只是行人。

一八九一年十一月十日，韓波與世長辭。他剛滿三十七歲。馬賽無玷始胎醫院的死亡登記中標注了這段文字：「生於夏勒維爾，路過馬賽。」「路過」。他來到這裡，只是為了出發。

Solitudes
孤獨

「此時，為了恰當地品味自己，健行活動必須自己進行。如果你跟一群人一塊健行，甚至只是兩個人一起走，那健行其實就名不符實了；它變成另外一種東西，比較類似野餐。徒步健行必須自己做，因為自由是其中的根本要素；因為你必須要能隨著自己的心情與靈感，自由自在地決定停下腳步或繼續前進，走這條路或那條路；因為你必須用自己的速度走路。」

——史蒂文森（Robert Louis Stenvenson），《偕驢旅行賽凡山》（*Travels with a Donkey in the Cevennes*）

走路真的需要是一個人嗎？這樣的例子

倒還不少：尼采、梭羅、盧梭……

在他人陪伴下走路時，我們難免被迫撞擊、妨礙、錯步。因為走路的關鍵在於找到自己的基本韻律，並加以保持。基本韻律就是適合一個人的韻律，在那樣的律動中他不會疲累，走十個小時也不會耗盡體力。但這個韻律必須非常精準。因此，當我們為了配合別人的步伐，必須加快或放慢腳步，我們的身體就難以找到韻律。

話雖如此，全然的孤獨並非絕對必要。三或四個人……三、四個人在一起還有可能互相不說話。每個人按照自己的步伐走，不同人之間拉出一些小距離，走在最前面的人有時會回頭、停頓，喊一聲「大家還好嗎？」，語氣超然，彷彿錄音機播放，甚至幾乎是漠然。其他人比個手勢當作回答。我們雙手叉腰，等最後一個人跟上，重新出發，隊形又有所變化。不同人帶著不同韻律來來去去，交錯分離。因為所謂按照自己的步伐走路，並不是指從頭到尾依據完全規則一致的律動走路；人體畢竟不是一架機器。人的身體有時會稍微鬆懈，有時又會在一陣積極的喜悅中衝勁十足。如果不超過三、四個人，走路可以讓人經歷這種分享式的孤獨時光。因為孤獨還是可以分享的，就像麵包或日子。

一旦超過四個人一起走路，就變成一列移動的隊伍、一支軍隊。歡聲笑語，口哨聲此起彼落，這個人走過來、那個人走過去，眾人互相等待，結成小組，小組再成為路途上的死黨。每個人都在吹噓自己的裝備。用餐時間來到，大夥忙著請別人品嚐自己帶的美食，時而驚喜，時而讚嘆，氣氛益加熱絡。社交生活轉移陣地，在高山地區重新上演。大家開始互相比較。走路必須是獨自走。超過五個人，就不再能分享孤獨。

回來談獨自走路，真正的一個人走，獨行。可是先要知道，我們從來不會是真正獨自一人。正如梭羅所寫：「一整個早上我都有良伴在旁，直到某個人登門造訪。」[1] 追根究柢，我們經常是在遇到另一個人以後，才更發現自己的孤獨。所謂對話，其實是在強迫我們談論自己以及自己與別人的不同。慢慢地、隱微地，對方把我們推進我們的自我，讓我們不得不面對個人歷史與認同，也就是說：一大堆誤解與謊言。彷彿那一切真的存在。

相較之下，當人沉浸在大自然中，他會不斷受到周遭一切的召喚。萬物都在對你說話，向你致意，吸引你注意：林木、花朵，以及小路的顏色。風在吹，昆蟲在低鳴，小溪潺潺流動，腳步踏地啪啪作響：一片交響回應著你的存在。連雨都是。溫柔的小雨忠實地伴隨著你，你傾聽它的低語，以及那裡面蘊含的抑揚頓挫：雨水彈躍在石頭上時發出清脆聲響，雨勢稍大時彷彿一道道珠簾捎著美妙樂音纏捲而下。人在走路時不可能完全孤獨，因為目光所及，我們擁有那麼多事物；大自然的恩澤，透過凝視這個與生俱來的搜捕能力，一一成為我們身邊的禮物。我們必須體驗峭壁頂端那種暈醉，當我們費力爬上大岩石尖端，我們緩緩坐了下來，壯闊的風景終於無所保留地開展在我們眼前。那些田野房舍、小徑森林，統統屬於我們，為我們而存在。透過攀升，我們成為了它們的主人，可以盡情享受這份征服的快感。當一個人擁有了整個世界，他又怎可能感到孤獨？登高望遠、看見世界，就是擁有、宰制。但卻又沒有擁有財產所帶來的不便：我們幾乎是像偷兒般地盡享世界的壯美。但並非真的偷兒——因為登高攀爬是要費勁的。我腳下的一切，鋪陳在我視野中的一切，都屬於我了。我的目光伸向多遠，我就擁有到多遠。

1 出自《湖濱散記》（*Walden*）。他的良伴指的是樹木、陽光、石頭。

我不孤獨——世界是我的，它為我存在，與我同在。

有個故事是這麼說的。雖然烏雲密布、山雨欲來，一位朝聖途中的賢者堅定地走在山坡上一條長長的小路上，凝視山谷中一小塊已被成熟小麥染成金黃的田。在一大片雜草原之中，在黑壓壓的天空下，這片輪廓清晰的方形麥田顯得明亮動人，搖擺著婀娜身姿讓微風溫柔撫觸。那景緻真是美極了，步履緩慢的賢者盡情享受此情此景。他再走了一段路，碰到收工返家的農夫。農夫目光低垂，朝聖者攔下他，輕輕抓著他的手臂，用激動的語氣低語了一聲「謝謝」。農夫皺了一下眉：「可憐人，我沒東西給你。」朝聖者溫柔地回答：「我跟你說謝謝並不是要你給我什麼，而是因為你已經給了我一切。因為有你每天呵護那塊田地，今天它才能展現出這般美麗。接下來你會比較關心的是小麥的價格。但對我這個走路的人而言，我一路上卻一直從金黃的麥田得到滋養。」老賢者繼續微笑著。農夫挪開腳步，一邊往家裡走去一邊搖頭，把老叟當作瘋子。

總之我們並不孤獨，因為走路時，我們會與圍繞在身邊的一切產生交感，無論那是樹木或花朵。因此，有時我們會願意走路去拜訪一片綠地、一叢樹林、一座藍紫色的小山谷，就只為了拜訪它們。幾天、幾個星期、幾年以後，我們會告訴自己：我實在太久沒去看它了。它在等著我，我必須走路去看它。然後，小徑上悠悠的步履，腳底下紮實的大地，山巒羅列的輪廓，森林高聳的姿態，一切又讓我們找回來了：它們原本就是我們的好友。

還有一件事：我們之所以不孤獨，也是因為一旦我們邁開走路的腳步，我們就已經形影雙雙。特別是當我們走了很長一段時間以後。我的意思是說，就算我們是一個人，我們的身體與心靈之間也一直在對話。當我健步如飛，我會鼓勵、讚美、褒獎：感謝這雙好腿帶著我飛……說著說著，我們幾乎拍起腿來，就像我們會伸手拍一匹好馬的頸項。在必須長時間費力攀爬的路段，當身體開始力不從心，我會從旁支持——加油，再撐一下，你很行，你當然辦得到。一旦我邁開腳步，我就形影雙雙，身心一對，有如婦唱夫隨。心靈確確實實地是身體的見證。積極主動、警醒周到的證人。它跟隨身體的韻律，陪伴身體的勞動，當陡峭的山徑使雙腿倍受壓力，當膝蓋感受到重力的壓迫，我們就更能聽到心靈的聲音；每踏出蹣跚一步，它彷彿都在我們耳邊呼喚：「很好，很好，很好……」心靈是身體的豪氣。一旦我邁開腳步，我就有了伴侶，我就形影雙雙。身與心之間的無盡對話蕩漾在路途中，直到夜晚降臨都不肯歇息。走路的時候，這種分享與對話必然就會出現，我們也因此可以意識到自己在一步步前進。走路的時候，我必然審視著自己，鼓勵著自己。

當然，有時候，例如當我們置身在絕對的礦物質世界中，四周被岩石緊緊包圍，沒有任何植物存在的跡象——可能那裡海拔太高，地層太堅硬，路面都是石礫——我們會略感絕望，覺得自己太孤立了，或者更深一層說：被阻絕在生命之外。這時要是加上一些別的因素，比如天色太暗，那種孤立感很快就會顯得難以承受，無法克服。我們喉嚨緊揪，焦慮地加快步伐，在堅硬的石徑上往下衝。一個人不可能在那種狀態下走太久，在巨大岩塊一片死寂的壓迫感中持續走路：走路者的腳步忽然發出不可思議的凶暴回聲。我們呼吸著的、移動著的身體，我們這副承載生命的軀殼，在這裡，在這片森冷、高傲、不變、永恆、排斥我們的礦物世界中，竟然成為一個恥辱。或者，在某個下著大雨或升起濃霧的日子裡，當能見度幾乎變成零，我們迷失在雲深不知處，只剩下一具凍僵了的軀體，孤獨地前進。

Silences

寂靜

「我能從我遇見的人身上學到的事，經常少於他打破的寂靜所能教導我的事。」

——梭羅（Henry David Thoreau），《日記》（*Journal*）

正如孤獨有好幾種，寂靜也有好幾種。真正的走路總是寂靜的。當然，每當我們離開街道、公路、公共場所（那其中的速度、衝撞：熙來攘往的步履敲擊地面，叫喊、交談、低語如聲浪排山倒海，引擎的尖銳噪音響徹雲霄），我們立刻又感受到無庸置疑的寂靜，一種來自原初的清明。一切都安詳、專注、閒適。我們擺脫了世人的喋喋不休、走道上的雜沓聲響、漫天飛舞的謠言。走路。寂靜扣人心弦，耳朵彷彿進行著遼闊無疆的呼吸，我們浸淫在通透的寂靜中，宛如一陣大風吹走所有雲霧。

有一種寂靜是森林的寂靜。樹叢在我們周遭構成移動的、輪廓從不確定的高牆。我們走在林間小徑，沿著狹窄的泥土路蜿蜒前進。我們很快失去方向感。這時的寂靜顫動著，令人不安。

有一種寂靜是夏日午後，在山壁上、石路中，頂著火熱的大太陽，步履沉重的寂靜。白花花的、礦物性的、壓垮人的寂靜。我們只聽到石塊嘎吱摩擦的聲響。毫不留情的、已成定局的寂靜，彷彿透明的死亡。天空藍得何等漠然。我們低頭前行，偶而含糊地嘟囔出一些聲音，讓自己安心。萬里無雲的晴空、灰沉沉的岩壁，紮實飽滿地充斥在周遭，一片沒有任何東西能超越的寂靜。極致的寂靜，靜止而又振動，緊繃得有如一把弓。

有一種寂靜是黎明前的寂靜。秋天，當路途遙遠，我們很早就得出發。外頭一片深紫，幽微的光線匍匐在黃紅色的樹葉下。這是一種聚精會神的寂靜。我們輕輕走在大樹的黑影中，看深藍的夜色還輕柔地攬著它的身軀。我們幾乎害怕清醒過來。萬物正在微弱地耳語。

有一種寂靜是走在雪地裡的寂靜。白茫茫的天空下，步履陷入雪中，寂靜無聲。四周沒有任何動靜。事物、時間，都被凍結在冰雪中。一切都停頓下來，凝結在喑啞的靜止狀態中。一切都均勻、單一、鬆柔如毛氈。這是一種待機狀態的寂靜，一段純白、懸浮、棉絮般的休止。

此外，還有屬於黑夜的、獨一無二的寂靜。當夜晚降臨得太突然，或者避難小屋距離我們所在之處還太遠，當我們必須在荒野中宿營，我們趕忙找到適當地點，生火取暖，填飽肚皮，很快進入夢鄉。幾個小時之後，夜正深，我們卻總會清醒過來。雙眼驟然張開，彷彿被寂靜的深沉攫住。我們稍一轉身，睡袋輕輕翻動，都造成不成比例的聲響。是什麼讓我們清醒？難道是寂靜本身的聲音？

在史蒂文森《偕驢旅行賽凡山》內〈松林中的一夜〉章節中，他也提到這個忽然清醒的現象，時間大約是凌晨兩點，而且所有人只要在野外過夜，都會在這個時間有這樣的經驗。他在這件事中看到一個小小的宇宙奧祕：會不會是大地的震顫穿過我們的身體？會不會是一個夜晚加速的時刻？從遙遠星辰掉落的一滴看不見的露水？無論如何，那是令人心驚的一刻：寂靜聽起來毫無疑問像是音樂，或者說在那個時刻，我們抬起頭，清楚聽到滿天星斗在歌唱。

走路時的所謂「寂靜」，指的從來不是人聲喧囂戛然而止時的那種清靜。那種不知歇止的噪音像是一道屏幕，模糊了一切，宛如絆腳草般攻占生命存在的遼闊草原。人聲喧囂震耳欲聾，令人頭昏腦脹，我們失了方寸，什麼也聽不到了。任何時候，雜音從四面八方襲捲而至，滿溢出來，淹沒一切，占據所有空間。

但真正的寂靜不是來自那些喧囂的停止，而是因為我們語言本身的消散而獲致。在這個世界中，在這個由勞動、娛樂、活動、生產、複製、消費交織而成的地球上，一切都有它的功能，有它的地位、用途，以及一個符合它特質的恰當稱呼。就連語言文法也一樣，它複製著人類繁複的行動序列、辛勤的鍵盤敲打、庸碌的日常事務。不斷製作、生產、不斷處理。製造品、可預測的動作、標準化的行為、學習而來的態度共同構成傳統與慣例的嚴密脈絡，而人類的語言正是從中切割、剪裁、透析、分類而成。這一切都是人工產物，都能夠互相順應、咬合：語言被捲入世界的日常製造活動，參與了它的運作；語言跟統計資料、結算報表有相同的本質，都是命令、建議、統整、決定、報告、準則的堆砌。語言是一份使用說明，一套作業細則。在走路的寂靜中，當我們最終拋去對字詞的運用（因為此時我們唯一做的事就是走路；而這時我們還必須懂得不要相信那些登山嚮導，他們專門套用各種名稱及解釋（地形、石頭及山坡的形狀、植物的名稱及它們的用途⋯⋯），對走路這件事進行轉碼、剖析、說明，並要走路者停下腳步聽他們說話，彷彿要我們以為肉眼所見的一切都有名稱，身心所感的一切都有文法），在這樣一份沒有語言干擾的寂靜中，我們才真正享有良好的聆聽品質，因為我們終於聽到那些從來就不需要被轉譯、改碼、重新格式化的事物。

一個人在說話以前必須看見。

——梭羅，《日記》

這時走路者僅存的幾個字都是些虛無的字眼，一些他訝異地發現自己還說出來的字句（「走吧，走吧，走吧」，「就是這樣」，「沒錯，沒錯」，

「是啊，是啊」），一些像花環般被掛上分秒的字詞，平淡無奇，彷彿並不是為了說出來溝通，而是為了替寂靜點綴一些振動，聽到自己的回音。

Les rêves éveillés du marcheur

走路者的醒覺之夢

Rousseau

×盧梭

盧梭[1]宣稱自己只有在「步行」時才能真正思考、撰寫、譜曲、創作、發揮靈感。只要看到辦公桌或椅子，他就會感到頭暈噁心，失去任何動力。在長時間的散步過程中，在蜿蜒的路途上，他卻能文思泉湧；小徑激發他的想像，豐富的詞句蕩漾唇際，彷彿在為身體的移動標注抑揚頓挫。

唯有走路時，我才可能有任何作為，鄉村就是我的辦公室；桌子、紙張、書本的景象讓我煩悶，工作器具令我無所適從。若要我坐下來創作，我會文思枯竭，每當我必須找到靈感，靈感卻消失無蹤。

——《我的圖像》（*Mon portrait*）

盧梭的步行經驗主要實行在三個時辰：黎明、正午、黃昏。他從十六歲走路到十九歲。一些漫長的青春之旅，充滿激越與豪情。隨後，他在二十年之間成為他自稱的「大人」；大人出行必以馬車代步，大人狂熱追逐榮耀與肯定。

> 我只曾在生命的美麗時日中走路，那些走路的時光總是滋味甜蜜。好景不常，職責、事務、體面的行頭，迫使我擺出「大人」的姿態搭乘馬車，磨人的煩憂、顧忌、為難，一一跟了上來，至此，不若往昔的我每當步入旅途都滿心雀躍地離去，此後的我只感受到快快抵達的需要。
>
> ——《懺悔錄》（*Confessions*）第二部

度過漫長的化裝喜劇、無盡的騷動與疲憊，他走到四十歲關口，經歷第

1 盧梭（Jean-Jacques Rousseau，1712-1778），歐洲啟蒙時代出生於日內瓦的法國思想家、哲學家、政治理論家及作曲家。

一次生命的斷裂。再一次，他踏上林間小路、湖濱步道，在長時間的步行中思索。他彷彿變身為一隻熊。

後來，他開始受人唾棄：四處被排擠，無處受歡迎，在巴黎、在日內瓦被判罪。他的著作在大庭廣眾下遭到焚燒，眼看就要鋃鐺入獄。在一個叫穆提耶（Moutiers）的地方，村民對他扔石塊。他流離失所，不斷逃難，對各處守護者疑神疑鬼。而後怨恨遠去、心魔消弭，他拖著疲憊的身心，走上最後的路途，在暮色中踽踽獨行，漫步沉思[2]。他成為老叟，最愛浪跡鄉野，度過漫漫長日。這時已經無事可做、無事可信。一切已成追憶。唯有走路能召回存在的單純，超越任何企盼、任何期待的絕對甘醇。

◆

描述於《懺悔錄》中那些早期步行之旅漫長、快樂、陽光，而且意義非凡。因為沒錢，也因為性情使然，必須用雙腳跨越遼闊大地：從安錫[3]到杜林，從索洛圖恩[4]到巴黎，從巴黎到里昂，從里昂到尚貝里[5]。

盧梭年方十六。一七二八年三月一個夜裡，貪玩的少年流連在外，想回家時發現日內瓦城門已經緊閉。於是他決定不要守到隔天乖乖回版畫工坊，他既怕挨打，也厭惡那個工作。可是因為人總得討生活，於是他來到距離日內瓦不遠的薩瓦（Savoie）地區，在那裡一處天主教修道院尋求慰藉。院長供他膳宿，可憐他的喀爾文教徒出身，然後把他送到安錫找一位虔誠女信徒，讓她教導他真正的宗教道路，帶給他保護和安適。

一路上，少年思忖著要怎麼哄這位老女人以搏取寵幸。

他看到她了。二十八歲的她眼神柔情似水，雙唇豐腴飽滿，雙臂線條美麗無法言喻。她叫瓦朗絲夫人（Madame de Warens）。夫人的出現在他內心激起愛慕和欲火，令他幾乎無法動彈。他邂逅了愛神，一個慷慨溫柔、可憐可愛的天使。奈何才剛認識，為了順從她的意旨，他不得不馬上離去。她把他轉送到高山另一邊的杜林，在義大利正式改信天主教，發誓棄絕新教。他

2 此一時期盧梭完成生平最後一部著作《一個孤獨漫步者的遐想》（*Les Rêveries du promeneur solitaire*）。

3 Annecy，位於日內瓦南方約三十公里的法國阿爾卑斯山區城市。

4 Soleure，德文為Solothurn，瑞士西北部索洛圖恩州首府。

5 Chambéry，位於安錫南方，是里昂到義大利杜林之間的重要城市。

答應了。他徒步出發，薩布杭夫婦是他的旅伴，他們腳力不好，沒法走得太快，而且沿途山隘大都還白雪皚皚，他們整整花了二十來天才到。但這又有何干係，旅人穿越阿爾卑斯，翻過瑟尼岳[6]，自比為漢尼拔[7]……青春無悔，前景一片燦爛。

> 我自己不再有煩惱了；麻煩事都已經讓其他人挑在肩上。於是我一身輕快，健步如飛；青春的渴望、惑人的希冀、輝煌的計畫，漾滿我的靈魂。
>
> ——《懺悔錄》第二部

短短一年內，盧梭已經在杜林用一整星期時間皈依天主教，也學習做過僕役，接著他將回到守護女神身邊。回程旅途依然是用雙腳進行，這次患難與共的旅伴是巴克勒（Bâcle），一路上心情雀躍，無憂無慮。又經過一番波折與奇遇，第三趟旅行於一七三一年發生。盧梭人在瑞士索勒爾，那裡一些善心人指引他到巴黎投靠一位退休上校，說是他正在幫一個打算從軍的姪兒找家庭教師。這次走路花了兩個星期，途中盧梭夢想自己即將成為將軍，闖蕩沙場，率領強大部隊邁向光輝榮耀。可惜老軍官是個吝嗇鬼、守財奴，一心只想壓榨他。盧梭逃走了，他再次上路，這次是走到里昂，從那裡又走到尚貝里，回到心愛的「師母」身邊。這將是他最後一次長程徒步之旅。

才剛離開瓦朗絲夫人——那眼眸是何等湛藍，頸項何等纖細，雙臂宛如凝脂——他一路上都不斷幻想著在每一家客棧門口遇見她的魅影、她的分身。長長的路徑工整明確，走起來毫不費力，只要不斷踏出步伐在山間蜿蜒前行，這時千種計畫有如泉湧，萬般想像油然而生。步履規律，身體緩緩挪移，一切彷彿靜止，心靈獲得舒放。人在機械般的腳程中不受羈絆，所有空

6 瑟尼岳（Mont Cenis）標高三六一二公尺，通過這片山區的道路連接法國薩瓦地區及義大利杜林地區，最高點瑟尼埡口海拔二〇八三公尺。

7 全名漢尼拔．巴卡（Hannibal Barca，247-183 BC），北非古國迦太基軍事家及政治家，現今仍被視為重要的軍事戰略研究對象。他的生長時代正值羅馬共和國崛起，年少時即誓言終身與羅馬為敵。曾率領大軍從伊比利半島翻越庇里牛斯山及阿爾卑斯山，攻進義大利半島，直逼羅馬。

間皆可用來編織無止無境的幻想和故事。快樂雙腳往前捲動，綺麗情節隨之鋪陳：高潮迭起後歸於太平，圓滿結局似已在望，然新局又起，爾虞我詐，危機四伏。坦蕩蕩的道路沒有分叉，心靈幽徑卻交錯盤纏。思緒選擇某條小路，放棄另一片森林，而後彎進一座原野。重新上路，又輾轉回歸。

我年紀輕輕，身強體健，我習慣遠行，走路旅行，獨自旅行。假使摸不清我的性情，恐怕難以理解我把這視為無上的特權。溫柔夢境一路與我相伴，美妙無比的情景從炙烈的想像中奔瀉而出。要是有人停下馬車招我入座，或有人搭訕攀談，我在走路之際建造的心靈樓宇反倒轟然坍塌，令我一陣惱火。

——《懺悔錄》第四部

當人還處在那個年紀，還沒本錢說「我曾經愛過」，因為愛情還是一個用整個存在去呼喚才可能盼來的不確定未來，這時人的腳步特別快——因為偉大的愛情可能就在轉角處等著開花結果。

於是，盧梭跨越了阿爾卑斯山。宏偉景象在埡口前方開展，巍峨山岳昂然聳立，彷彿都在肯定行路人最偉大瘋狂的志向。在下一座山屋會出現什麼？坐在晚餐桌邊的會是何方人物？一切都可能、一切都應該成為因緣際會的契機，讓人遇見豪爽的友朋、神祕的淑女、可疑的人物、可佩的謀士。走近一處村落、一座農場、一棟大宅，一切都可能發生。夜色降臨，用餐時刻來到，女主人不若原先想像的嬌美，客棧老闆沒有那麼殷勤，但那又何妨——彷彿山風在肚囊中吹鑿出的巨大空洞已獲填滿，飽足的身軀快活舒暢，不消片刻睡意襲來，旅者又投身其他夢境。

十六歲、甚至二十歲之際，行囊中只裝載輕盈的憧憬。回憶尚未壓上肩頭，凡事都還可能，一切尚待體驗。繽紛想望在心中卓然成形，無盡前景令人陶然眩暈。快樂的步履在晨曦中邁開，生命的朝陽璀璨發光。

> 在那些獨自一人以雙腳踏出的旅行中，我的思緒達到前所未見的高度，我的存在、我的體驗是從不曾有過的深刻，我甚至可以說，我從不曾如此像我……我得以主宰整個大自然，與在萬物間流浪的靈魂和諧一致，

與周遭美好事物化為一體，旖旎景緻充斥我心，讓我在甜美的情緒中陶醉。

——《懺悔錄》第四部

◆

盧梭年過四十了。他早已閱歷豐富：駐威尼斯大使館祕書、音樂教師、百科全書學者……他結交朋友，樹立敵人，打造聲望，他的名字在人世間流轉……他鑽營過、書寫過、創作過，他追逐過功名利祿。但此刻，他驟然決定不再出入社交圈，不再流連文壇，不再苦苦追尋成功；那些所謂成功的強度從不曾令他滿足，歲月流逝，他更感到淡然。他扯下假髮，拋去華服，逃離沙龍，放棄俸祿。不久，他一身敝衣，以抄寫樂譜為生。因為，如同他後來反覆所提，他不願依賴任何人，一切都要靠自己。他成為人們口中的新時代第歐根尼[8]，他是啟蒙時代的犬儒。但這個斷裂並無法如大刀一揮那般俐落，因為與此同時，國王發現他的音樂，聽得如醉如癡，遂決定讓他揚名。約莫在同一時期，他的著作受到熱烈喜愛，四面八方的人們對他的《論藝術》[9]津津樂道。在那段日子中，他總能聽到人們為他的法國音樂觀點辯解。

聲名持續高漲，然而他只渴求一件事：長時間獨處，深入林間，離開巴黎。他早已寫過，文化、文學與知識不但未能成就人類，反而促成人的墮落。當同時代周遭所有思想家只知道高聲頌揚讓理性解放心靈、用教育改善人性、以科學獲取進步，他卻執意闡述社會腐敗人心的道理。但是，當他在第一部《論藝術》中寫下這些字句時，他其實是渴望榮耀的；在他那時的生活中，一切作為似乎都還圍繞在追逐名聲、肯定、喜愛與掌聲的考量中。

活到年過四十，是該翻開新頁的時候了，忘掉過去那些汲汲營營、紛紛擾擾。現在的盧梭只要森林小路。踽踽獨行，遠離俗世喧囂。不再天天檢驗

8 第歐根尼（Diogène）是公元前四世紀的古希臘哲學家，因出生於錫諾普（現屬土耳其），全名為「錫諾普的第歐根尼」。他是犬儒學派代表人物，也被稱為「犬儒第歐根尼」。與本書〈尼采〉章節中提到的第三世紀羅馬時代史學家第歐根尼．拉爾修為不同人物。

9 著作全名為《論科學與藝術》（*Discours sur les sciences et les arts*）。

自己的社交指數，評量朋友，算計敵人，諂媚保護人；不再不斷權衡自己在凡夫俗子、愚民蠢夫眼中的重要性；不再因為異樣眼光和流言蜚語而讓報復的欲望淹沒自己的性靈。遠離此處，前往彼方——深深探入森林，他要夜晚寂靜深沉、早晨清澈透亮。為求達到此等境界，必然遭受眾人憎恨。但他知道如何拿捏。他懂得重新安排生活，讓自己既無需奔跑也不必匍匐，只要走路。

在這一時期，他寫下第二部論述：《論人類不平等之起源與基礎》（*Sur l'origine et les fondements de l'inégalité parmi les hommes*）。早晨，他出發走進聖日耳曼森林或布隆森林[10]深處。一七五三年十一月份的天氣異常美好，湛藍秋空明麗而深邃，金黃與紅褐色彩染遍林間，枝葉在微風中沙沙作響。在那裡做什麼？走路、工作、探索。規律的日常步行，走路者形單影隻，卻充斥遼闊森林。用他笨重的鞋履踏過大地，穿梭在蒼天古木間，浪跡在灑滿陽光的樹叢。獨自一人。環繞他的、或說充盈著他的，只有蟲鳥的囈語、草木的低吟，以及秋風拂過樹梢、枝幹輕輕搖動的嘎嗒聲。獨自一人，滿心歡喜。原因莫過於此：他可以呼吸。他大口呼吸，縱情於緩慢如森林小徑的幸福。

沒有電光火石的快感，只有絕對的寧靜。一種恬靜的幸福，執著如單調的日常。只是一種身處此間的幸福，感覺秋末冬初的陽光溫柔地撫觸臉頰，聆聽森林發出輕微的劈啪聲。

就這樣，盧梭一邊走路，一邊傾聽。傾聽滿腔的激越情懷。那顆心已經不再為凡塵情緒所擾，不再苦於求取功名，它總算盡情回歸於它那自然而原初的律動。就這樣，在竟日走路之際，盧梭醞釀出一個瘋狂的計畫——在他這個「走路人」（*homo viator*）的形體中找回尚未被文化、教育、藝術毀壞的「自然人」，那個存在於書本與沙龍、社交與工作之前的人。

走路，但不是為了替自己找回某個完整的身分，不是為了重新發現某個被扭曲過的特質，不是為了脫下面具休養生息。長時間走路，是為了在自己身上找回過去那個人，最初的人。走路，但不是像走進沙漠裡，完全脫離世間的糾葛與折磨，透過孤寂淨化自己，準備迎向天堂宿命；而是為了重新

---

10 聖日耳曼森林（Forêt de Saint-Germain）及布隆森林（Bois de Boulogne）位於巴黎西郊，面積廣袤，分別占地三十五平方公里及八點五平方公里，早年都是皇家獵場。在盧梭的年代，這兩座森林都屬於鄉村地區，現今前者位於巴黎都會區邊緣，後者則已被巴黎市及衛星城市包圍。

找到自己而走，尋回那個被從大自然的懷抱中抽離的人，那個絕對原始的人類。於是他長時間走路，走進益發深邃原始的曠野，不斷自問：在我內心有什麼部分真正具有「抵抗」的能力，什麼部分會是樹木的重力在當下現實中的精確寫照，會是我隱約聽見的那些蟲獸低鳴在人世間焦慮不安的回音？我在自己身上能找到什麼「自然」的成分，能發現什麼不存在於書本中、唯有在走路時才能感受到的東西？畫出原初人類的圖像，描繪那個絕對原始的人類，透過步履在森林小徑上的緩慢刮磨，除去心中殘垢、社會人的假漆，描繪那個原初人類的圖像——那圖像不存在於書本中，因為書本只會談論「後來者」，那個已被文明化、去自然化，被世俗欲望填滿的人類。透過無止盡的踽踽獨行，在遠離塵世的荒涼鄉野、在林木和鳥獸的陪伴中，尋找那個最初的人，在自己內心重新發現他。

然後一整天，我就這樣在森林深處搜尋，找到最初那些時光的影像，並驕傲地描繪那時的故事；我會抓出人們的把柄，拆穿他們的謊言，我膽敢揭露他們的本質，追溯時間和事物毀壞他們的進程，將這些人中之人與自然人兩相比較，在他們宣稱的完善狀態中指出他們之所以不幸的真正根源。

——《懺悔錄》第八部

這些不可思議的追尋需要的不是漫無止境的閱讀，而是終日浸淫在森林中的漫長步行。盧梭就是在這樣日復一日的走路和反覆思索之際，逐漸感覺那個天真無邪的原始人柔弱、顫抖的形影在他體內緩緩甦醒。他隱約看到這個魂魄的影子悄悄投射在橡樹林一隅；在他的心目中，那並不是一個兇猛、粗蠻、被各種混亂的衝動驅使、充滿暴戾本能的怪獸，而是一個完全融入大自然的存在。大自然宛如母親般包圍著它，它容易驚慌害怕，但它更重要的特質是孤獨和快樂。從浮華世界退場之後的盧梭已經擺脫那些累人而虛妄的激情，他獨自漫步林中那種滿足的感覺，那種由幸福而生的單純，應該就是最初的人類在「祥和而天真的日子」中感受到的滿足。相較於俗世中造作的激動、愚蠢的滿足和虛榮的喜悅，他的幸福感何等強烈！

在這麼多哲學論述、文明禮儀和睿智箴言中，我們卻只能擁有輕浮不實的表象，缺乏美德的榮譽，沒有智慧的理性，以及毫無幸福的樂趣。

——《論人類不平等之起源與基礎》

因而在走路者眼中，人類歷史不斷發展和鬥爭的進程，顯得像是一個以令人眩暈的方式逐漸墮落的過程。演化成真正的蠻獸的，是充滿禮儀與虛情假意、心懷忌妒與惡毒的所謂文明人。充斥著暴力與不公、貧窮與不平等的人類社會，布署大量警力與軍隊的國家，構成了真正的叢林。多少怨憤與仇恨，多少眼紅與不滿！這就是所謂社會人。但當踽踽獨行的盧梭翻開厚重的文化表層，設法找回潛藏在底下的人類真情和固有真理，他發現的是一股天真而不裝模作樣的自我之愛（這種愛跟自私、自尊或自戀有天壤之別，因為後三者均屬於「偏愛自我」的方式，而「偏愛」一直都是「愛」的反義詞）。追根究柢，這種自我之愛是一種本能的運動，很單純地促使人類關注自己，敦促他保護自己、留意自己的安適。因此，人類先天懂得「愛」自己，但從不是「偏愛」自己。人類是在社會中學會偏愛自己。自此，他只有透過漫長的走路，不斷地步行，才能重新學會愛自己。

他終於獨自一人，沿著迷離小徑逐漸驅趕心中所有的愚蠢激情，卸下所有面具。盧梭於是感覺心中昇起一份純淨而透明、不摻雜任何意圖的悲憫之情。彷彿悲悼死亡或經歷巨大不幸之後，人的內心反而一陣清明，在長時間的步行中，所有嫉妒和怨念都消耗殆盡，舊有仇恨顯得虛幻無謂。這不代表人忽然能愛從前的對手、忽然願意擁抱宿敵；這種破鏡重圓式的情感復原跟原本深植內心的怨恨在本質上並無不同。

走路帶來的是另一種東西：心湖不起風浪，對他者既不再仇視攻擊，也無需稱兄道弟。只有一股民胞物與的中庸情操，在他人淚水滴流時展現寬容與悲憫。這份固有情懷充盈在心中，於是當世間苦痛展現眼前，心又會膨脹、開啟，彷彿花朵在和煦陽光下展露嬌顏。我要解救他，全心全意協助他。

那些科學書籍只教我們看到人類的既成樣貌，我將它們都拋去，潛心思索人類靈魂最原初也最單純的運作本質。於是，我似乎能夠窺見先於理智的兩個原理：其中一個原理讓我們竭力獲取安適、維護自己，另一個原理則使我們天生厭惡看到任何具有感覺的生物死亡或受苦，特別是我們的同類。

——《論人類不平等之起源與基礎》

因此，惡毒、挑釁與怨恨不是發源在最初的原始狀態中，而是被移植到擠在人類世界的人工花園中的我們身上，然後它們發芽茁壯，吞沒原本悲天憫人的心懷。

步履在樹叢間摸索試探，沿著方向尚不確定的路徑前行，然後發現這個道理。讓自己迷失在荒野，藉以更清晰地傾聽自己的心靈，感覺原初人性在體內悸動，繼而更能與自我和諧共處。人不再眷戀自己，只是單純地愛自己。他也更能與他人和諧共存，不再仇恨他們，而是真誠地悲憫他們。森林小徑被大自然偉大而緩慢的呼吸包裹，秋葉飛舞落地，讓靜謐的斜陽染成一地秋色。文明世界，以及被無盡的恐懼、虛構的偉大、亢奮的激情、狂怒的追逐拉扯、撕裂的人類社會，透過林木所構成的溫柔屏障，那一切喧囂擾嚷彷彿成為一場已然遠去的災難。

> 請你不帶任何預設立場地對公民人與原始人進行比較，盡你所能地觀察，前者除了貧窮、欠缺與惡毒，更不斷開啟通向痛苦和死亡的門。
>
> ——《論人類不平等之起源與基礎》

◆

黃昏。盧梭現在年近六十，他被迫流亡，被所有人排擠，從共和體制的日內瓦到君權神授的法蘭西，他四處受人驅趕。他出走到英國，但在當地幻想出太多敵人，最後淒然離去。他四處流浪，過著幾近躲藏的生活，不時甚至盼望有人把他丟進監牢，至少他可以在四壁之間享受難得的清靜。然後慢慢地，他讓步了，放棄了。最後的步行時刻來到：他返回巴黎，垂頭喪氣，甚至不願再爭一口氣。於是人們慢慢遺忘他，把注意力轉移到其他事物、其他的愛恨情仇。

然後是一片空然。

我要說的是最後那些漫步，那些在《沉思錄》中構成節律的漫步，或者該說，那些超越書籍本身，只隱約投現在其間的漫步。我要說的是那些模糊未定的漫步，那些不為了籌備什麼、也不為構思什麼新的言論（新的辯詞、新的概念、新的身分認同）而做的漫步。那些我們不難想像他在埃莫儂維爾[11]所做的漫步，在一七七八年五月及六月間所走的最後的路。走路的行為不再是一種方法、啟發或投射。走路不再是為了發明或找到什麼，而是什麼都不必找；只是讓身體契合陽光逐漸西斜的運動，讓緩慢的步履在分秒時日的流逝之間踏出光陰的節奏。走路是為日子刻劃了一些節律，但思想不再真正溶入其中，只是像手指頭隨著音樂節拍木然地在木桌上敲打。再也不等待什麼，任由時間前來，讓白晝的潮湧淹沒自己，讓夜晚的枯竭耗盡自己。幸福因而只要求「一種既沒有碰撞也沒有間隔的均勻而柔和的運動」[12]。這也是走路：成為時間的旅伴，配合它的腳步，彷彿我們正帶著一個孩子走路。

這時，一些被遺忘的記憶重新浮上意識表層，走路者在漫長的黃昏步行中像巧遇老友般地跟它們打招呼。終於，他可以縱容那些記憶了。它們不再因為喚醒痛苦的往昔而傷人，也不再因為過去曾經如此快樂而讓靈魂因惋惜而衰竭。它們成為輕輕漂動的水生花卉，只因輕波盪漾、光影投射而展現不同色澤與形狀。漫不經心的淺笑間，殘存著一種模糊、滑稽而又超然的確信，隱約知道自己經歷過那些。然而那可是我？那個愛做夢的孩子，那個醉心浮華人世的青年，可真是我？

過去的盧梭可以說他在走路時是他想像力的主宰，他對自己的夢境完全確定，創作只需仰賴奔騰的幻想。反之，人生盡頭的漫步是抽離之後的無盡溫柔。我的意思是說：不再有任何事需要期盼或等待。只是活著，讓自己存在著。因為已經不再需要出人頭地，於是得以任由一陣清風輕拂兩袖，或者說，讓存在如溪水潺潺，悄然流過身邊。

冉冉升起的回憶因而有了兄弟般的樣貌；對我們而言，回憶宛如遲暮的老兄弟。為了我們自己的緣故，我們成了這位老兄弟——我們之所以愛他，唯一的理由是因為他「活過」。於是藉由不斷地走路，我們逐漸讓情感包圍

11 Ermenonville，位於巴黎北方皮卡第（Picardie）地區的瓦茲（Oise）省。

12 〈漫步之九〉，出自《一個孤獨漫步者的遐想》。

自己。原諒了自己，無需再奮力找尋藉口。不再患得患失，只是走路。周遭一切換上了新面容：怕驚的小鳥專注窺探，脆弱的小花縱情搖擺，濃密的枝葉恣意伸展。當我們在世間無所欲求，投身在靜謐而無用的步履行進中，一切反而靠了過來，無所保留地把自己呈獻給我們。就在我們不再有任何期待時，萬物卻成了我們的禮物，充斥周遭的存在毫無緣由地賜予我們恩典。在勞心勞力、建立計畫、設定目標、追逐成功的世界中，我們已然死去，但那陽光，那些色彩，遠方那縷隨風迴旋輕柔飄舞的青煙，林木的竊竊私語，一切都被賜與給了我們。造物者的禮物。那些身分、地位、故事、歷史，那些被書寫了又消耗了、被再三反覆和報復了的敘事，都已經退到我們身後。曲終人散，卻多了這麼大的禮讚：一七七八年春天的陽光，華洛瓦[13]的湖泊，埃莫儂維爾的盎然新綠。

《沉思錄》讓人隱約窺見六月份那些在喜悅和滿足中蕩漾的最後漫步——彷彿拋下既有的存在，走到所有成就之外的遠方。命運收尾了，打住了，關上了，完成了。書本闔上。不再需要是盧梭，或尚—賈克，或贊成，或反對，或當起任何人。只需要是樹木和岩石之間、幽靜小路上的一陣震動。每一步都是一份轉瞬即逝的靈感，遠遠超越書寫撰述的範疇。

我喜歡隨心所欲地走路，隨處暫停稍歇。這種漂泊是我需要的生活。天色美好時，在優美的景緻中不疾不徐、一步一腳印地走路，邁向旅途盡頭某個宜人的事物——在所有生活方式中，就這種方式最討我歡喜。

——《懺悔錄》第四章

13 華洛瓦（Valois）地區位於巴黎大都會區以北的艾納（Aisne）省及瓦茲（Oise）省交界處。

Éternités

永恆

總有一天，人該學會跳脫「新聞」。沒錯，閱讀報紙向來只是為了看到我們還不知道的事。何謂新聞？顧名思義，我們在報紙中找尋的，確實就是「新」這玩意兒。

但我們還不知道的事，卻也是我們立刻就會忘記的事。因為每當我們今天知道了什麼，就必須立刻把位置讓出來給我們還不知道的、明天才會發生的事。報紙沒有任何記憶：一件「新聞」驅趕另一件新聞，每個事件都會取代另一個事件，然後又消失得無影無蹤。傳言甚囂塵上，旋即煙消雲散。流言蜚語此起彼落，彷彿不斷滴落的水珠，凝聚成一道流勢凌亂的瀑布。

當我們邁開步伐走路，新聞就不再有

任何重要性。這裡是指那種為時好幾天、甚至好幾星期的長途健行。不久，我們不再看到人間煙火，遠離了那些嘈雜騷動，不再知道某某事件的最新發展。我們不再急著掌握事情的轉折，不再想著發掘它如何開始，不再等著知道它如何結束。「你知道那件事後來怎麼樣了嗎？」不，一旦邁開步伐，這一切就不再重要了。置身於「絕對的永恆」中，我們全然脫離平常那些稍縱即逝、卻令人凝神屏息的新聞。路走得遠、走得久了以後，我們甚至對自己竟曾對新聞興致勃勃感到匪夷所思。萬物的緩慢呼吸使日常的急促喘息顯得有如無謂乃至病態的紛擾。

我們邂逅的第一種永恆存在於岩石的線條、原野的起伏、地平線的輪廓之中——這一切都具有「頑強的抗力」。面對矗立在周遭、固若磐石的自然，新聞事件變得如此微不足道，彷彿風一吹就散去的沙塵。這種永恆是固定的，只在原處震顫。

走路就是經歷這種經久不變、無聲無息、謙遜地存在著的實況——岩石縫隙間長出的樹木，佇立樹梢窺探的鳥兒，流向山谷的小溪——而無需把任何具體期望裝進行囊。走路就是忽然隔斷謠言與怨言，阻絕腦海中不願歇息的囈語，那些不斷評論他人、評斷自己，不斷譜寫、修改、推演的內心獨白。走路化解了缺乏章法的自我想像，把浮沉在其中的尖酸刻薄、嫉妒怨恨、愚昧滿足、無聊報復驅趕得無影無蹤。我面對這座高山，行走在大樹之間，不禁心想：它們「就在這裡」。它們從未等我來到，一直就在這裡。它們不知早我多久就已來到此處，在我離開很久之後將依然駐留於此。

總有一天，我們也將不再如此為手中事務操心憂慮，成為它們的俘虜。要知道，很多事是我們自找的，是我們強迫自己做的。工作上班，累積財富。時時保持高度警覺，以免錯失任何升遷機會。覬覦某某職務。時間不夠而選擇草草了事。為別人的事煩惱。要做這件事，要趕去看個什麼，要邀請某某人。社交義務，文化運作模式，忙東忙西……不斷要讓自己「做點什麼」，可是我們想要自己是「什麼」呢？這問題以後再想吧，眼前總有更好、更急迫、更重要的事可做。明天再想。但是明天又會有明天要做的事……後天再想？彷彿一條沒有盡頭的隧道，而人們把它稱為「人生」。

這種思維無所不在，就連休閒時刻都必須刻上非得做點什麼不可的頑固標記：劇烈的運動健身，具有激發效果的休閒活動，奢華的餐宴，不斷趕場的夜生活，五星級假期。忙碌到最後，除了憂鬱或死亡，也沒有別的出路。

走路時什麼都不做，只是走路。就這樣什麼也不做地走路，卻足以讓人找回存在的純粹感受，重新發現活著的簡單幸福，也就是充斥在童年中那種喜悅。因此，當我們能夠卸下「非做什麼不可」的執念，只是走路，我們終於再次邂逅第二種永恆：屬於孩提的永恆。

我甚至該說，走路是一種兒童的遊戲。驚奇於美好的天象、燦爛的陽光、參天的巨木、湛藍的天空。人不需要任何經驗或能力，就可以體驗到這些。也正是因為這點，我們面對那些走得太多、也太遠的人容易感到不安，因為他們已經看遍世界，難免不斷比較。永恆的兒童不會去做比較，因此他看到的永遠是最美的。當我們願意讓自己出發上路，用幾天、幾星期的時間走路，我們不只是脫離我們的工作、鄰居、日常事務、生活習慣、煩惱憂慮，我們也拋下了我們的複雜身分，脫去我們的面具。那一切都褪去了，因為走路只需要動員你的身體。你學到的知識、讀過的書籍、你累積的人際關係在這裡都派不上用場；只消兩條腿就足夠，加上一雙閃亮的眼睛。

走路，自己出發上路，攀登山岳，穿越森林。對起伏的山丘和濃密的樹林而言，身分地位毫無意義，人不再扮演任何社會角色，甚至稱不上是「人」，只是一個生命體，一個能夠感受路面石塊頂住鞋底、芒草拂過衣梢、微風沁涼舒暢的軀體。

走路的時候，世界沒有現在、也不具未來，唯一留下的是早晨與夜晚的循環。從早到晚，只有一件事要做：走路。但是那個充滿驚奇（為了七月向晚微光中泛出神祕深藍的岩石，為了正午陽光下橄欖樹葉閃現的銀綠色澤，為了黎明時分被染成紅紫的山巒）的走路者沒有過去，沒有計畫，也沒有經驗累積。他一直是那個永遠的孩童。走路時，我只是一個單純的眼神。

> 在樹林中，人類褪去他的年歲，彷彿蛇脫去舊皮——無論此刻他處於生命的哪個階段，他總是回歸孩童之身。在樹林中，永恆的青春出現了……在那裡，我知道我不會再有任何大自然無法彌補的災厄或不幸，因為我保有我這雙眼睛。佇立在赤裸裸的大地上，身心浸淫在充滿喜悅的氣氛中，抬頭望向蒼茫的遠方，所有自私與狹隘都化為烏有。我什麼

都不是，我什麼都看到。

——愛默生[1]，《論自然》（*Nature*）

透過她的偉大震盪，大自然把人類從惡夢中搖醒。

或許還有另外一種永恆：交感共振的、琴瑟和鳴般的永恆。在此必須設法描述只有在走路時會從四周景物中迸發而出的情景。有一種風景是人在搭車經過時看到的風景：我們欣賞山巒的純美形體，被載運到不可思議的沙漠，穿過令人陶醉的森林。有時，我們要求停車；下車走一小段路，拍幾張照片。陪同人員向我們說明周遭所見：這棵樹叫什麼名字，那株植物的形態有何特色，這個地形底下藏有什麼奧祕。當然，陽光同樣灼熱無比，色彩依然豔麗逼人，天空仍舊遼闊恢弘。

然而，走路卻是浸透。無止無境地走路，與山岳長久交纏，讓它的高大

1 愛默生（Ralph Waldo Emerson，1803-1882），美國文學家、思想家，超驗主義領導人物，對美國文化影響深遠，獲林肯總統譽為「美國文明之父」、「美國的孔子」。

滲入我們的每個毛細孔，慢慢走下山坡，用幾個小時好好呼吸丘陵的形狀。身體搓揉著大地，大地盈滿了身體。

就這樣，慢慢地，身體不再駐居於風景中，而是「身體就是風景」。這個狀態未必是源自某種「溶解」，彷彿走路者的形影逐漸消散，化成風景中的一道摺痕、一條曲線；它可能是因為走路者的內在突然被一種交感關係照亮。彷彿片刻光陰爆開，忽然擦出火花，時間燃燒了起來。這時，永恆的感受驟然成為這個由萬物的存在共同振出的合音。永恆就此化成一道火光。

La conquête du sauvage
征服荒野

Thoreau
╳梭羅

梭羅於一八一七年七月出生在波士頓郊區小鎮康科德（Concord），他在家中排行老三，父親經營一家鉛筆廠。他就讀哈佛學院，成績優異，畢業後旋即在公立學校執起教鞭，不過只待了兩星期，因為他拒絕對學生實施體罰，而且他無法在兩堂課之間不做長時間的漫步。離職後，他回到家族鉛筆廠工作。

一八三七年，他開始稱呼自己為亨利·大衛（原本他叫大衛·亨利），並開始持之以恆地寫日記，直到逝世為止。一八三八年，他跟胞兄合作創辦一間私立學校，但沒有維持很久。隨後他到愛默生家打雜為生，在愛默生主持的《日晷季刊》（*The Dial*）發表詩作及散文，協助該刊物編輯工作，並參加鎮上的超驗主義俱樂部。有一段時間，他離開康科德，到紐約州史坦頓島（Staten Island）擔任侄兒的家庭教師，不過為期只有一年。

一八四五年，他開始在愛默生於瓦爾登湖（Walden Pond）邊購置的一塊地上親手建造小木屋。他的哲學行動隨之展開。他獨自在那裡完全自給自足地生活了兩年多，在林木間、小湖畔，他鏟地翻土，漫步走行，閱讀寫作。為了表達他不滿政府向墨西哥開戰以及准許奴役，他拒絕繳稅，結果在一八四六年七月被捕入獄。這個經歷促使他寫成重要政治論述《公民不服從》（*Civil Disobedience*）。在某匿名善心人士協助下，他只在監獄待了一晚。一八四七年七月，他離開瓦爾登湖，返回愛默生家居住一年，接著又回到老家生活，並當起土地丈量員。他做了幾次小旅行，造訪魁北克、新罕布夏州、白山山脈（White Mountains）等地，途中見識了一些原住民部落。他致力提倡廢除奴隸制度。他英年早逝，四十四歲即因肺結核告別人間，留下大量引人入勝的著作，包括描述他的兩年林間生活、內容美妙無比的《湖濱散記》（*Walden*）。他還著有第一本關於走路的哲學撰述，書名就叫《走路》（*Walking*）。

梭羅生活的年代正值十九世紀大量生產經濟模式興起，完全資本主義開始盛行，各地建起大型工業設施。他預知人類將無止境地追求利潤，而大自然將淪為利益工具，遭受嚴重破壞。有鑒於人類瘋狂追逐財富的行為，以及物質資源的盲目資本化，梭羅提出一套「新經濟」理論。

這套理論的原理很簡單：不要再問某項活動會帶來多少錢，而要問從事這項活動會耗去多少純粹生活的時刻。

> 一個事物的成本相當於為了換取它，我們在短期或長期內必須在我所稱的「人生」中付出多少成本。
>
> ——《湖濱散記》

這也是一種區分利潤與利益的方法。花時間在森林中走一段長路可以帶給我多少利潤？答案是零，因為這個過程不會產出任何可以賣錢的物品或可以帶來酬庸的勞務。就這個觀點而言，走路可說是無用透頂、無謂到家。用傳統經濟學的措辭來說，就是不事生產、無法創造財富的活動，是浪費掉的、死去的時間。然而對我而言，對我的生命——不只是我的內在生命，而是我的完整、絕對的生命——而言，我卻獲得巨大的利益：在一長段時間中，我完全樹立於自身之上，毋需遭受來來去去、震耳欲聾的紛擾，不會因為多言者反反覆覆、絮絮叨叨的雜音而失去方寸。在這一整天裡，我創造的資本就是自己。在一長段時間中，我佇留在傾聽和思索的狀態，於是大自然不計成本地給了我她的所有顏色。唯獨給我一人。走路為我帶來回報：我無時無刻不在接收純粹的存在。這一切當然都必須放進天平秤重。走路這件事或許沒有為我創造利潤，但它帶給我極大的利益，而且是無比慷慨、豐饒地賜給了我。

利潤與利益之間的差別是，創造利潤的程序可以由我以外的其他人執行，而利潤全歸他所有——除非那人是由我指派。無論如何，同一個利潤創造活動可以由任何人進行，這便是競爭原則的由來。反之，我所得到的利益取決於一些我不可能指派他人執行的姿勢、動作、生命片段。梭羅曾在一封信函中寫過：如果想知道你是不是該採取某個行動，請先問自己，「這件事是否可能由別人替代我做」？如果是，那就不要去做，除非萬不得已。因為那不屬於生命的必須。以最深刻的方式活著，沒有人能替我們做這件事。工作可以找人代替，但走路不行。最主要的判斷標準就在此。

倘若我不是我，又有誰能替我當我？

——《日記》

再回到計算的問題。梭羅的文字之所以令人驚異，不在於論證內容本身，因為在他以前，許多古代聖賢早已指出他們蔑視外在財富、珍惜心靈豐足，或者斷言一個人富有與否取決於他是否感覺自己無所欠缺。梭羅令人印象深刻的是他演示論點的形式，因為他非但沒有避談計算這件事，反而執意把計算推演到底。他不是說：我們要拒絕以量為依歸的經濟計算，而該追求純粹的質。他說的是：我們要計算，不斷計算。我到底賺到多少，損失多少？當我致力於賺取金錢，我失去多少純粹生命？富人為求富有必須付出的代價是：工作、操煩、小心翼翼、從不鬆手。梭羅承認人需要有遮風避雨的房子，需要床，需要椅子。但是，那是什麼樣的房子，什麼樣的生活器具？

如果你要的是深宅大院、珠光門把，那就必須奮力工作，長期忽略外面的天氣，忘記天空的顏色。於是你得到許多實質利益，但這對任何人都沒有好處。反之，一棟只能遮蔽風雨嚴寒的屋子、三把椅子（一把自己坐，一把給朋友坐，一把準備應付其他社交需求）、一張床、一條能夠確保睡眠品質的好毯子，準備這些花不了多少錢，也不需要做太多工作（花些體力蓋小屋，種點豌豆換米飯吃），但卻可以帶來極大的收穫——省下來的時間可以用來好好散步（每天走三到四小時），使身體舒暢無比，以及盡情觀賞大自然提供的免費演出（蟲鳴鳥叫、森林中的美妙光影、湖面的深邃湛藍）。

計算結果出來了，梭羅的答案與一般人每星期的勞動和宗教規律剛好相反：如果想要賺取簡單生活所需，一個人每星期工作一天就足夠了。其他那麼多天的工作都是為了賺取無用、無謂、奢侈的東西，最根本的東西反而被吞噬了。精於計算的梭羅曾說，他的房子一共只花了他二十八美元多一些。

工作可以產出財富，但也可以製造窮困。這裡所說的窮困不是富裕的相反詞，而是指富裕的互補物。富人貪婪不知足，他的目光緊盯著旁人的餐盤，深怕看到別人得到的分量比他的多。窮人則在附近兜轉，等著搜刮殘羹剩菜。雙方玩的是同一個遊戲，只是其中有人贏、有人輸。梭羅所說的貧窮同時與前述的富有（為了不斷追求更多而與自我疏離的那些人的富有）及窮困（做牛做馬也得不到溫飽的那些人的窮困）相對；他所謂貧窮是一個與制度對立的概念，重點在於不玩遊戲。不是費盡心思地守本、精打細算地省錢、一毛不拔，而是根本不玩這場遊戲。一種自願選擇的節約。

節約不盡然是苦行僧式的刻苦。我的意思是說，刻苦的概念必然包含抗拒豐饒的誘惑：拒絕太多食物、太多富足、太多財物、太多享樂。刻苦的人譴責享樂，認為它容易導致放縱。因此必須制約、減量、排除。刻苦的概念有一大成分是嚴峻，一種對樂趣的輕視乃至恐懼。刻苦是拒絕自我解放，禁止讓自己的感受程度太深，以免無法節制。節約則是發現簡單能夠帶來滿足，發現人可以幾乎一無所有——只有一杯清水、一顆水果、一陣涼風——卻感到無比幸福。梭羅寫道：啊！能夠這樣因為自己呼吸的空氣而陶醉不已！

常言道：人為了賺取財富與資產，必須付出多少代價！放眼望去，世間凡夫俗子日復一日，盡在為錢打轉。為了工作，他放棄了多少東西！梭羅說，我們必須繼續計算，接著會愕然發現，靠雙腳走路反而前進得更快。因為為了擁有馬車和馬匹，人必須花費許多日子工作。搭馬車趕一天路所走的距離，是用好幾個月的勞力換來的，所以，不如走路！這樣你不但前進得更快，而且還額外賺到天空的深邃和樹木的色彩。

「我把我所看到的都變成我的。」梭羅寫道。換句話說，走路時累積的資本宛如色彩繽紛的情感和陽光燦爛的記憶，足以陪伴我們度過嚴寒的冬夜。我們的寶藏、我們的真正資產，是我們接收到並保存在心中的事物徵象之總和。

> 我總喜歡回歸我心中那些畫面。那是永恆的財產，與人世浮沉完全脫鉤，我把它珍藏在旁，以備不時之需。
>
> ——《日記》

相較之下，財富要「累積」相對容易，要「捨棄」反而困難。擁有財富者的靈魂因為不斷與財物搓磨，會生繭、長殼、硬化，窮困者的心則因為無法擁有財富而忌妒、憤怒，終至萎縮狹隘。人一旦富有了，就很難脫離舒適

（把寬敞柔軟的沙發換成堅硬的木椅），無法睡在寒冷的地方，走路五百公尺就要鬧腳痛。窮困者則被禁錮在他的發財夢中，不斷幻想自己有朝一日成為富豪。

不，財富的成本太高昂了，太多人都為它付出太慘痛的代價。

出人意料的是，梭羅這位驚人的走路者（每天走三到五小時）完全不是個大旅行家。他確實到緬因州、魁北克、新罕布夏州的森林做過幾次旅行，但他談到的那些滋養他性靈的走路經驗，都是那些日常生活中在康科德一帶、雙手插口袋從家裡出發的長時間散步。或許他是一位腳步謹慎的冒險家？就算如此，他不忘提醒異國風情所夾帶的一大危險。我們看過太多人走到海角天涯，然後訴說他們在「遙遠彼方」的所見所聞：那些邂逅無疑精采絕倫，那些經歷必然可歌可泣，那些風景一定奇妙萬分，那些食物當然空前絕後。於是一切又不出追求表現，生動的描述、奇異的冒險、極限的經驗，無不是為了博得掌聲。然而，比起那些偉大的旅行故事，梭羅的《湖濱散記》卻更加扣人心弦，那裡面的極端性在於一種概念的反轉、心靈的轉化，使那些追求極限的大冒險家筆下華麗無比的異國經歷忽然顯得平淡無奇。

有句話再怎麼強調也不為過：走路無需遠行。走路的真正意義不在走向異質性（不同世界、不同臉孔、不同文化、不同文明），而在於走向你所處的文明世界的邊陲，無論你屬於哪個文明世界。走路是把自己置身於邊緣：置身於工作者的邊緣、高速公路的邊緣、利潤及窮困製造者的邊緣、壓榨者及辛勤者的邊緣。那些所謂「認真」的人，總認為自己有更重要的事做，沒有閒暇感受冬日陽光的恬淡溫柔或春季微風的清涼舒爽，而走路者要走到那群人的最邊緣去。

走路的關鍵不只是看到真相，也是感受真實。走路就是體驗最實在的事物。不是全然外在於身體的那種真實，也不是對某個議題有意義的真實，而是一種腳踏實地的真實感，一種穩健、堅固的存在原理。走路時，每踏出一步都可以立刻見證這種真實：大地在我們腳底下堅定不移。每踏出一步，整個身體的重量都可以在那裡找到支撐，然後再次躍起，再度挺進。

謹嚴的基礎無處不在。

——《湖濱散記》

往上攀登時，務須確保立足點的穩固：在那個攀登者幾乎不自知的時刻，他的腳必然在試探，感覺下一個落腳點是否足以支撐他的身體。然後他用單腳撐起整個身體，另一隻腳拔地騰空後，才又返回地面。積雪的道路讓人的雙腳顫抖，因為不知道陷進雪地的腳是否會撞擊冰層。太潮濕、石礫太多、或泥沙太厚的道路也令人困擾，因為腳難以使力，身體必須不斷費勁把自己往上抬升。這時就不應該只是走路，而要舞動起來。太柔軟的土地使雙腳難以承受、焦躁不安。相反地，人行道太堅硬——它發出空鼓被敲擊般的聲響，把步伐的撞擊力傳回身體，而泥土地卻能吸收它、中和它。柏油路無懈可擊的規律性則使雙腳感到無聊；原始的真實不可能如此單調無趣。

有些人決定花費與閱讀同樣多的時間寫作，愛默生則提過，梭羅為自己立定的原則是寫作的時間最多只能等於走路的時間。他的用意是避免落入文化與書籍的陷阱，否則一不當心，作品中就會充滿別人的論點。而這還夾帶另一個風險：那些人的撰述本身可能就是依據其他人的著作而寫成……書寫應該是對某個沉默無聲但生氣蓬勃的經驗做見證，而不是評論另一本書、解釋另一份文本。書籍作為一種見證。這裡所謂見證，在意涵上類似接力賽跑中所用的棒子，第一位跑者把接力棒交給第二位跑者，第二位跑者旋即往前衝。書本也是這樣，它誕生於經驗，一切以經驗為參照。書本的宗旨不該是教我們怎麼生活（這是說教者的可悲規畫），而是讓我們有生活的欲望，以另一種方式生活：在我們的內心找回生命的可能性、生命的原理。生命不是填補兩本書之間空隙的活動（閱讀兩本書之間的時間裡所做的各種日常、必要而單調的動作）；書本應該為人帶來關於另一種不同存在的期盼。因此，書本不該是讓人得以暫時逃脫晦澀日常生活（所謂日常生活就是那種不斷反覆、「一成不變」的東西）的材料，而該帶領讀者從一種生命型態過渡到「另一種」型態。

> 人若從不曾站起來活過，要他坐下來寫作就只是枉然。
>
> ——《日記》

書寫應該致力於這種對真實的見證，使它成為步履堅定踩踏地面後的無盡延伸，彷彿讓足跡烙印在書本中。於是在閱讀思考時，我們也會努力尋找堅實的東西。簡言之：只寫以高強度實際經歷的東西，讓經驗成為書寫時唯一的紮實基礎。

從巴黎到倫敦，從紐約到波士頓、康科德，輿論、偏見、傳統、妄想、表象的汙泥淤積在整個地表，我們必須穿越它，必須穿透教會、政府、詩文、哲學、宗教，直到通達一個堅固的基底、那穩如泰山的磐石。我們可以將它稱為真實，然後我們可以說：就是這個，錯不了。

——《湖濱散記》

走路時的真實不僅來自於感受土地的堅固，也源自於自己的厚實度所受的試驗。梭羅不斷強調這點：走路時，「個人」的真實也是關鍵之一。因為人在這時並不是感覺自己「處於自然」中，而是覺得自己本身「非常自然」。這種感覺不是某些宗教神祕主義者致力達成的「結合」或「一體」等狀態，不是一種思想完全成就之後迅即消融於宇宙萬物中的境界。走路者感受到了一種「參與」：我在體內感受到了植物、礦物、動物的存在。我走過一棵大樹，輕輕撫摸樹皮，感覺自己跟大樹擁有同樣的木材質地；我的身體拂過芒草，感覺它跟芒草擁有相同的組織構造；一隻野兔忽然跳到我跟前，我停下腳步，我的沉重呼吸和牠的身體起伏完美契合。

透過這種試驗，走路者終日找回真實，無論是在堅實的土地中，或透過自我的厚實度不斷與周遭環境的厚度揉搓碰撞的過程；然後我的內在達到一種信念與圓滿。俗話說走路可以「讓人放空」，但事實剛好相反——走路讓心神盈滿另一種豐厚。不是觀念或教條堆積的知識及道德厚度，不是腦海中塞滿名言警句、原則理論那種豐富性，而是充盈著世界的存在感。這種存在感在從早到晚的走路過程中，彷彿持續發生的沉積現象，不斷積累在靈魂中。當夜晚降臨，人幾乎無需思考：只要呼吸，閉上雙眼，在自己的身體上感覺一層層景物輕盈地飄浮交錯，天空的顏色、樹葉的光彩、山丘的線條疊合了起來，重組出一片豐饒的心靈風景。這裡所說的信念不是某種堅實的希望，而是一種沉靜的確定感。於是，終日走路的人在夜裡信心飽滿。

這種信心也源自於早晨的能量。梭羅經常在作品中表達對早晨的信心，或者該說，早晨令人產生信心。走路者一定要在黎明時分出發，伴隨太陽升起。在那個迷離時刻，光線泛著深藍色澤，萬物的存在虛無縹緲，若有似無。清晨走路讓人看到人類意志的無謂，因為意志與伴隨的概念意義相左。我的意思是說，一步步伴隨著早晨甦醒，這跟粗魯拉扯、驟然掉頭、斷然決定全然不同。白晝的具體形象慢慢顯現，不久太陽就會升起，一切又將重新開始。意志性的、嚴肅、多言的轉換生硬冷酷，而且反而透露出它的脆弱。白晝的肇始從來就不是這種意志的展現；它在從容自在、信心十足的確定感中翩然到來。在清晨走路讓人體悟到自然的開始才真正有力量。

量度健康的指標是人對早晨的愛。

——《湖濱散記》

梭羅對早晨的喜愛也呼應著春天帶給他的狂喜，例如當他描述四月時的瓦爾登湖，湖面的冰如何在全新力量的擠壓之下破裂、崩潰，河面如何逐漸開啟、形成通道。他在早晨及春天中找到的最重要原理，是永恆的不斷更新。

一年之始帶著前所未見的青春希望。

——《湖濱散記》

真正的希望之所以永遠青春，就在於它不屈從於任何條件、檢驗、測試，也就是清楚知道希望的型態所蘊含的意義更勝於它的內容。因為追根究底而言，希望並不想知道任何事，它只要相信。相信，盼望，做夢，超越任何既有知識、經驗教訓、過往歷史。大自然沒有歷史，她的記憶跨度只有一年。梭羅筆下所謂「春天的經驗」，就是任由自己被捲入一股純粹肯定、充滿野性激力的清流中，在那裡，唯一重要的事是對生命的欲求。梭羅還提到「純真的經驗」：一切重新開始，萬物重新出發，當陽光照亮大地，夜晚的負載與過往的重擔都消失無蹤。

只消一個春日早晨就足夠：人類所有罪惡都獲得寬恕。

——《湖濱散記》

無論在春天或早晨走路，感官特別敏銳，心靈伸向第一道日光，一股緩慢而紮實的肯定感包圍自己，這是唯一重要的事。走路者也沒有歷史：歷史太沉重，旅行時無法帶在身上。早晨走路時，人沒有了記憶。唯一有的，是信心的喜悅；我們確信光明將穿透黑夜的密林。

太陽從來就不過是一顆晨星。

——《湖濱散記》

在早晨的根源，我們看到的是西方。梭羅認為太陽總是從西方升起。位在東方的是我們的記憶：東方代表文化、書籍、歷史、從前的失敗。人無法從過去學習，因為這樣一來，學習只是在重複過去的錯誤。因此，我們不應該相信者老，不要執著於他們所宣稱的「經驗」，因為那不過是在他們的過去中反覆發生的錯誤累積而成的產物。我們只能相信「信心」本身——相信青春。未來的泉源在西方湧現。

當我們需要了解歷史、研究藝術與文學時，我們會沿著人類的軌跡走向東方；當我們帶著冒險精神和企圖心出發，我們的旅行目標是西方。

——《走路》

「西方」像是一座礦脈，是籌劃未來的根本，形塑存在的資源，尚未探索、永遠新奇。但西方也代表原始、野性——The Wild。原始是尚未開發的大自然、處女地，是原初的、非人性的力量。（非人性也就是非學術：梭羅曾說，鮮少有詩人懂得描繪「山巒的西側」。）原始也是我們的內在中未經馴服的抗逆成分，那個尚未拒絕生命的部分，那份純粹的肯定感。當愛默生將梭羅描寫為「最美國的美國人」，他可能就是抱持著這樣的想法，想到這種對原始野性的激賞如何成為文學家想像中的未來泉源。梭羅說，未來位在西方——唯有縱身探入原始與其對峙，它才可能解除武裝、開啟自己，成就全新可能性。美國人的烏托邦與歐洲人對原始的夢想之間的區別可能就源自於此。對歐洲人而言，原始帶有根源的價值，它是一道來自太古的斷層，它永遠向外展開，彷彿一個隱晦的起點。它代表我們可能想要回歸的祖源，有時它會升起到現世，但它始終代表我們的明確過去。對生於美國的梭羅而言，原始位在西方，在他前方。原始代表未來的可能。人類記憶的昨夜，而是世界與人類的早晨。

我所說的「西方」只是「原始」一詞的同義詞，我要表達的意思其實是，解救世界的根本力量來自野性生命。

——《走路》

正因此，走路的意義在於切斷資訊，亦即那些被隨便稱為「新聞」的東西。「新聞」有一個本質，就是它在被報導出來以後就立刻變舊。梭羅說，當我們被捲入那個韻律，我們就成為鎖鏈的一部分，非得知道下一個環節是什麼不可。然而，真正的挑戰並不在於知道什麼改變了，而是如何趨近「永遠維持新穎」的部分。因此，早晨閱讀報紙遠不如出門散步。新聞不斷相互取代、混淆、重複、被遺忘。一旦我們邁開步伐走路，那些雜訊、謠言，統統就消弭了。有什麼新鮮事？沒有。永恆使萬事萬物平靜如波，一切不斷重新開始。

梭羅選擇的存在方式奠基於拒絕（愛默生曾說，每當有人向梭羅提議某事，他的第一個反應都是說不——對他而言，拒絕總是比接受容易），同時也建構在一些極端的選擇上：工作只為獲取基本必需品，每天花長時間走路，不讓自己被捲入社會的遊戲。這種生活方式很快被其他人（思想正統、勤奮工作或擁有財富的人）認為誇張離譜，然而那種生活卻完全契合對真理和真實的追求。找尋真理代表超越表象，必須能夠勇敢否決習俗、傳統、日常慣例，將其視為因循、虛偽、謊言。

我要的不是愛情、金錢、榮耀，請給我真理。

——《湖濱散記》

真正的生命總得是另外一個不同的生命。真理帶來斷裂，真理位於「西方」：為了重新創造自己，必須穿透既定信念和頑固想法的冰層，在自我內在找回原始野性的水流——那道轟隆作響、無法駕馭、有如萬馬奔騰的存在之流。我們太習慣把自己禁錮在自我建立的牢籠中。我們總愛說輿論霸道囂張，但梭羅告訴我們，比起個人論點，輿論根本沒什麼。我們把自己緊緊關在自己的價值判斷裡。對梭羅而言，走路（走向「西方」——但當人能把路走好，他的方向必然是西方）不是重新找到自己，而是為自己賦予永遠得以重新創造自我的可能性。

努力活出真正的生命，就是努力完成一場偉大的旅行。

——《書信集》（*Correspondance*）

據說在梭羅生命的最後幾天，一名牧師來到他的病榻前，為他描述來世的情景，以帶來一些宗教的慰藉。梭羅聽了以後帶著虛弱的微笑說：「拜託，一次一個世界就好。」

Énergie
能量

梭羅在《冬日漫步》（*A Winter Walk*）中描繪寒冬中的走路者圖像。他寫道，早晨時分，在冰凍的環境中出門時，道路被厚厚的冰雪覆蓋，樹木張牙舞爪地伸展瘦長的白色枝椏，在這片白茫茫的遼闊世界中，人走得又快又好，因為只有這樣才能保持溫暖，並感受自己的身體熱度。寒冷中走路之所以幸福，也是因為可以感覺到胸中燃燒著的那束小火焰。

總有一束地下火焰潛伏在大自然中，它從來不會熄滅，沒有任何寒流能完全摧殘它……這束地下火焰就供奉在每個人類的胸膛中。確實，在最嚴寒的早晨、最暴露於風霜中的山頭，走路者在外套皺褶中煽起的火，比任何壁爐中點燃的火焰都更熾熱。因此，凡是身體健康的人都能夠調節節令，使他在冬天時讓夏天進入他的心懷。南方就在那裡。

——梭羅《冬日漫步》

走路時可以感覺到的第一種能量是自己的能量，身體移動的能量。這種力量不是爆發性的，而是帶著敏感度、溫柔而持續地散播。

梭羅非常欽佩美洲原住民的智慧，他們認為大地是神聖的能量來源。人躺在大地上可以充分休息，商討事務時坐在土地上可以得到更多智慧，走路時腳踩大地可以讓人更強壯有耐力。大地是從不乾涸的力量之井，因為它是原初的母親、人類的褓姆，也因為它懷抱著所有死去的先人。大地是傳承的元素。因此，與其將雙手伸向天空祈求天上神祇賜與慈悲，美洲原住民寧可在大地上赤腳走路。

拉科塔人[1]喜歡土地及與土地有關的所有事物，而隨著年歲增長，這種牽繫更加強烈。耆老名符其實地愛戀著土地，他們坐在地上做事、躺在地上休息，感覺自己親近了母性的力量。土地與肌膚接觸的感覺非常柔軟，他們喜歡把他們習慣穿的莫卡辛鞋脫下，光腳走在神聖的土地上。他們的帳篷立在土地上，建造祭壇的材質也是泥土。空中的鳥兒會飛到土地上休息，從古至今，這片大地蘊含所有生命的養分，乘載所有生命的生長。泥土帶來安詳、健康，也具有洗滌和療癒的功能。這便是為什麼耆老總要與土地保持接觸，設法不讓自己與生命的力量分離。坐臥在土地上使他們可以更深入地思考，更鮮活地感受；於是他們得以用更清晰的目光觀察生命的奧祕，他們感覺自己更接近所有生命力量了。[2]

走路的人不斷靠大地支撐身體，時時感受到自己的重力施加在大地上，每走一步，腳印都烙印在大地上，因而走路成為持續激發能量的靈感泉源。但大地不只是透過走路者的雙腿，才把它的力量往上蔓延到走路者的全身，力量傳導也是透過循環作用的因緣巧合。走路是一種物理運動，心臟跳得更快、律動更寬廣，使血液循環加速，比休息狀態時更強勁地流遍全身。大地的流動與這些循環呼應著，雙方互相串連交感，環環相扣。

除了大地的能量和身體循環的能量，走路者還可以感受另一種能量的根源：風景。四周的風景不斷呼喚著、催促著走路者：風景就是他的家，山巒、色彩、樹木都為他提供支撐。蜿蜒在山丘上的小路幽靜迷人，秋天的葡萄園詩情畫意，彷彿綴著紫色和金色花紋的披肩，盛夏的明燦天空映照著橄欖樹葉的銀綠光采，鬼斧神工的冰河展現大自然的遼闊。這一切都乘載、滋養著走路的人，帶他一起昇華。

1 拉科塔人（Lakota）的居住地分布於美國的南、北達科他州，屬於蘇族（Sioux）的七個部族之一。白人殖民者入侵後，拉科塔人因為屠殺和傳染病人口銳減，目前人數介於五萬到十萬，部分人士於二〇〇七年底宣布脫離美國，成立拉科塔共和國。

2 引自《赤足走在神聖大地》（*Pieds nus sur la terre sacrée*），作者為拉科塔酋長、哲學家、作家、教育家兼演員路得．立熊（Luther Standing Bear，1868-1939）。

Pèlerinage

朝聖

走路不只是信步而行的漫遊或踽踽獨行的漂泊。在人類歷史上，走路也發展出一些制度化形式，把過程、目的地及目的性都清楚定義出來。朝聖就是這些重要的文化形式之一。

「朝聖者」的概念源自拉丁文*peregrinus*一詞，原意為「異鄉人」、「離鄉背井的人」。就這個原始意義而言，「朝聖者」的前身並不是要前往某個特定目的地（如羅馬、耶路撒冷……）的人，而主要是個「走在家園之外的土地上的人」，與吃飽飯後到住家附近散步或星期天走路巡視農場的地主大相逕庭。因此，朝聖者歸根究柢是個走在異域中的異鄉人。教父告誡我們，我們腳踏的土地無不是過境地，任何時候我們都應該把自己的家當作過夜休息的棲身之所，把自己的財產看成可以隨時拋棄的行囊，把朋友視為在路邊偶然遇見的人。閒聊幾句，談談天氣，友善地握個手，然後道聲晚安、一路平安。教父們說，世間所有人都是異鄉人，整個人生就是一段離鄉背井的旅程，因為他真正的家還沒走到，而且那個家在人世間永遠不可能走到。整個世界只是旅途上的一處棲身地。基督徒度過人生好比行路人走過任何一片土地，從不駐留。例如孔波斯特拉朝聖者[1]的一首歌謠所言：

旅伴啊，我們要不斷趕路
不留戀任何地方。

從前的遊方僧可能特別能體認人類身為「永遠的異鄉人」的處境，因此他

1 位於西班牙西北部的孔波斯特拉聖地牙哥（Santiago de Compostela）是天主教徒朝聖地之一，相傳耶穌十二門徒之一的聖雅各（即聖地牙哥）曾到今西班牙傳道七年，死後安葬於此，九世紀時其墓地被一名農夫偶然發現，遂於現址興建教堂，吸引各地教徒絡繹不絕前來朝聖，形成著名的「聖雅各之路」。西班牙文*compostela*一字可能源自拉丁文的*campus stellae*（繁星原野），因此孔波斯特拉聖地牙哥也可意譯為「星野聖地牙哥」。

們不斷從一座修道院遊走到另一座修道院，從不在任何地方定居下來。遊方僧直到現在似乎依然存在，據說在希臘的阿索斯山[2]，有一些僧侶終其一生都在狹窄的山徑上行走：夜幕低垂時，他們的腳步走到哪裡，人就在那裡露宿；白天，他們一邊走路一邊喃喃誦經。他們沒有任何目的地，在山路交錯處隨意選擇前進方向，不斷迂迴、繞行，沒有打算抵達任何具體地點，只是透過永遠的行走，表現他們在人世間無庸置疑的異鄉人狀態。不過遊方僧並不受人欣賞，他們很快就被視為四處利用他人善意的遊民，而他們的流浪生活方式也受到譴責。特別是教皇聖本篤下了「修道恆常」的規定，並嚴詞表示「恆久朝聖」（*peregrinatio perpetua*）的狀態只是一種比喻，並不是要在無窮無盡的道路上實踐，而是要在修道院中沉思及祈禱時所獲得的超脫中深入追尋。距此數百年之前，沙漠教父（尤其是埃及的沙漠教父）就已經把走行朝聖者和隱修士做了明確的區別。「*xenateia*」（希臘文「人世中的異鄉人處境」）當然需要歌頌，但不是透過受人非議的流浪方式；簡單的隱居修行就足夠了。

「恆久朝聖」強調離去、棄絕、捨得等概念。因此，耶穌基督鼓勵門徒出發上路，拋下妻小，放棄土地、商店、地位，不斷走路，成為別人的旅伴，散布福音（「把你的一切賣掉，分給窮人，你還要來跟隨我」）。早在耶穌之前，亞伯拉罕即已實踐拋棄一切的舉動（耶和華呼召亞伯拉罕說，「你要離開本地、本族、父家，往我所要指引你的地方去」）。走路是一種轉換，一個召喚。走路也是為了了結，為了解脫：了結人世的紛擾、繁重的責任、歲月的磨損。若要遺忘，若要脫離此處，最好的辦法莫過於投身百般寂寥的道路，忘情於無盡延伸的林間小徑。走路，抽身，離開，放棄。

一旦人開始真正走起路來，每天就由一連串的告別所構成。舉步離開某地時，永遠無法確定是否還會回到此處。這種不斷離去的處境為目光賦予更大的強度。那是旅人越過埡口、在全新風景即將開展之際，回眸望向來時路的眼神。或者，在早晨出發上路之前，最後一次定神注視才剛度過一夜的避難山屋（它的灰暗形影和後方的樹木映襯在朦朧的晨光中）。最後一次，我們回頭凝視。但這個帶著不安的目光並不是真的想取得、保有什麼，而是希

2 阿索斯山（Athos）是希臘北部馬其頓地區一座高山聳立的半島，也是東正教聖地，自古即形成神權自治共和國，內有二十座修道院。

望付出，把它的一點光芒留在岩石和花朵亙古不變的存在上。走路的人讓他的目光化成犀利碎片，散落在沒有名字的冰河、沒有明日的天空、沒有歷史的原野上，深深嵌入萬事萬物之中。當他邁開走路的步伐，那是為了切透世界的混沌。

朝聖者的角色不只是人類處境的一種抽象譬喻，我們也應該從他的具體存在、他在社會中的地位及他的歷史沿革加以探討。我們知道在整個中世紀期間，朝聖者是一個具體、明確、容易辨識的人物；尤甚於此，朝聖者身分具有法律地位。一個人是透過官方、法律、公共方式進入朝聖者狀況，也就是在一場非常莊嚴的彌撒中，由主教賜給他走路者的傳統附屬物：棍杖（尖端有金屬部件的長棍，既可輔助朝聖者走路，也可供其防衛野狗及其他動物侵襲）及肩背包（用來放當天食用的麵包及重要文件）。這個包袋的形狀必須窄、扁，象徵人的生存所需資源主要是取自對上帝的信仰，其他身外之物無需多拿；它也應該用動物皮革製作，象徵朝聖者必須透過飢餓和辛勞修煉他的肉身；它還應該保持在開啟狀態，代表朝聖者隨時願意給予、分享、交換。朝聖者的其他特徵是身穿短袍，外面披上大斗篷，頭戴寬邊帽（如果他已經完成聖地牙哥朝聖，正在歸鄉途中，他會把帽子前緣立起，掛上一塊扇貝殼）。主教或教區神父為朝聖者立定任務時，會交給他一份保護信函，作為他整趟旅途中的安全通行證，讓他可以在沿路上所有的修道院或招待所過夜，並保護他免受路匪攻擊（路匪如果膽敢侵犯已獲祝聖的行路人，會遭到天譴）。祝聖儀式極為莊嚴肅穆，因為這種出行就像是某種程度的死亡。從出發地到羅馬、孔波斯特拉聖地牙哥乃至更遙遠的耶路撒冷，一走就是好幾個月，而且完全無法確定是否能平安返回。朝聖者可能因為不堪疲勞而死，或是受盜匪攻擊而亡，也可能在渡河時溺斃、走山路時摔進深淵。因此朝聖者在出發以前，必須與所有舊敵消除宿怨，解決所有紛爭，甚至還要立下遺囑。

如果條件如此苛刻，為何還要出行？各式各樣的原因都有。首先是為了提高自己的虔誠程度，證明信仰的忠貞，這就是所謂「虔敬動機」（*devotionis causa*）。因為在原初的遊走（亦即人類在世間這個「淚之谷」中流浪的處境）之外，人為朝聖之旅賦予了明確目標，一個光芒萬丈的最終目的地：拜觀一座聖堂。世界上的重要朝聖地點都是基督門徒被埋葬的地方、聖人的安息處：孔波斯特拉的聖雅各大教堂、羅馬的聖彼得大教堂和聖保祿大殿、耶路撒冷的基督空墓，以及重要性略低一籌的法國圖爾（Tours）聖馬丁大教堂、聖米歇爾山（Mont Saint-Michel）的大天使米迦勒[3]。朝聖是信仰的見證。此外，透過走路這個謙卑的行進方式，朝聖者不斷力行苦修，甚至經常絕食並持續祈禱。

踏上朝聖之路也可以是一種犯下重大錯誤之後的贖罪方式。如果一位信徒或教士承認自己因為某個可怕罪愆而感到良心不安，例如嚴重褻瀆神聖，甚至犯下殺人罪而逃過人類司法的制裁，他就可能選擇透過朝聖進行懺悔，並依罪行的輕重程度決定路程遠近。中世紀期間，某些地方的民事司法當局也會針對重大罪責（弒父、強姦……），施以遠程朝聖的刑罰，這種做法的好處是迫使犯罪者遠離當地。後來，宗教法庭也經常以這種暫時放逐的方式處罰異端分子。如果此時朝聖能夠成為一種懲罰方式，那是因為它帶有無庸置疑的苦難成分，特別是在附帶額外條款的情況下，例如赤腳走路，或是被迫戴上枷鎖，在手臂或脖子上懸掛沉重的金屬環（包括鋼，有時是以犯罪凶器熔煉而成）。經過幾個月的汗水及疲累折磨，有時朝聖者會完全崩潰。即便沒有這些可怕的附帶情況，對終日完全暴露在外的朝聖者而言，在長達數月期間忍受風雨、嚴寒或灼熱的陽光仍舊是個嚴酷無比的煎熬。在日復一日的走行中，雙腳成為無底洞般的苦難之源：化膿的傷口、疼痛的裂縫……朝聖者抵達一處修道院時必須先進行洗腳儀式，這不只帶有基督教的謙卑意涵，也告訴我們足部是最需要呵護的地方。

除了證明信仰堅貞、為所犯過錯贖罪，朝聖者走路也可以是為了請求。他的父母、小孩或朋友可能生了病，也可能是他自己生了重病，於是他踏上朝聖之路，到聖人的安息地懇求協助，彷彿平日的祈禱還不夠，必須用更直接的方式讓禱告被聽到，讓祈求的聲音迴盪在聖墓周遭。藉此他必須長久地走路，經過體力付出和各種磨難之後，以淨化的身心趨近聖地。身體的疲累確實可以淨化心靈、消弭傲氣，在這種情況下實行的禱告也將更為澄淨透明。風塵僕僕地來到聖地後，朝聖者帶著無比卑微的心情表達懇求之意，他受創的雙腳及被塵土侵蝕的衣服無不見證他此刻的謙卑。而如果身有病痛的是朝聖者本人，他會更加靠近聖墓，停駐在那裡相當長一段時間，盡可能讓

3 *Michael*，即法文中的米歇爾。

身體的最大部分接觸到聖物櫃。接著，他會繼續躺在附近過夜，希望光輝四射的聖地能把神力灌注在他的病體中，使他重獲新生。

透過朝聖，人可以為他被賜予的特別恩典感謝上帝，為他所獲得的救贖，為他的某個天賦，或者為他重拾的健康。因此，笛卡兒為了感謝他獲得啟示、擁有超凡的辯證方法，遂步行朝聖到洛雷托聖家殿[4]。數以千計的尋常百姓在祈求上帝拯救他們或他們的親人之後假使如願以償，也會想辦法踏上朝聖之路，前往最近的聖地表達他們的感恩之情。

不過，我們有必要稍微淡化朝聖者的刻板形象，設法從相對角度看待關於他們的傳說。在一般人心目中，朝聖者經常是個手持拐杖、身穿寬大麻衣的孤獨走路者。荒寂的路途上雷聲隆隆，暴雨傾盆而下。夜晚降臨，修道院的形影浮現眼前，他走近伸手敲門，閃電的急促光芒照亮宏偉的大門、壯觀的石牆……

事實上，基於安全理由，朝聖活動是以小組方式進行，而且經常有馬匹代步，特別是當路途非常遙遠時。不過，一旦旅途的終點開始可用肉眼看見，當教堂尖頂或主座教堂塔樓的輪廓逐漸顯得清晰，朝聖者還是有義務下馬步行。最後這趟路務求以雙腳完成。這種必要性包含數門功課。首先是為了謹記基督的貧窮——這是一種謙卑，走路的人可說是窮人中的窮人。窮人唯一的財富只有他的身體。走路者是大地的子女，每踏出一步都是在承認重力的存在，每一步都見證著他與大地的牽繫，足底緊踩泥土，彷彿在叩應一座終極的應許之墓。此外，走路本身是件辛勞的事，需要不斷重複地勞動肢體。人只有在經過苦難的試煉淨化之後才適合趨近聖地，而走路正是反反覆覆、彷彿永不停息的體力付出。

◆

基督徒的重要朝聖目的地首推羅馬和耶路撒冷。自公元第三世紀起，耶路撒冷對基督徒而言就是至高無上的朝聖之路，信徒藉此達到聖靈充盈己身

4 Notre-Dame-de-Lorette（義大利文為Basilica della Santa Casa），位於義大利亞得里亞海岸城市洛雷托（Loreto）。羅馬天主教認為堂內的小屋是最初聖母瑪利亞從聖神感孕生出耶穌的地方。據說公元三世紀時，聖海倫娜於拿撒勒的聖母小屋所在處興建教堂予以覆蓋保護，但十三世紀時教堂及小屋都被回教徒摧毀，隨後神蹟顯現，天使將小屋遷移至克羅埃西亞，後來又再跨海移到洛雷托。

的境界：腳踩基督走過的土地（詩篇第132首：*in loco ubi steterunt pedes ejus*），踏上加略山的受難道路，置身於相同的景物中，走近十字木架，前往基督向門徒說話的石窟。然而，動盪的政治及社會局勢使這條朝聖路途日益艱難，羅馬遂成為比較安全的朝聖終點。兩名重要門徒——聖彼得和聖保祿——都在那裡安息。羅馬的神聖性毋須贅言，她是天主教會體系的神經中樞。前往羅馬朝聖（*peregrination romana*）代表一種全然的順服、對天主教會致上的最高敬意，象徵朝聖者絕對認同教會功德圓滿的歷史任務。然後從公元一三〇〇年開始，羅馬教廷創立大赦年制度；在這些年度中，教徒只要願意前往羅馬朝聖，依據教會公布的路線參拜一座座聖堂（羅馬聖彼得大教堂、拉特朗聖若望大殿、城外聖保祿大殿……），就可以完全洗清自己的罪責。因此羅馬是見證信仰的地方，也是尋求救贖的聖地。

孔波斯特拉聖地牙哥是第三個最重要的朝聖地。據說裝有聖雅各（他是耶穌基督最欣賞的三位使徒之一，也是第一位殉道的使徒，由猶太山地的希律亞基帕王下令斬首而亡）遺體的大理石棺被他的門徒用船載走，後來船隻擱淺在西班牙西北部的加利西亞海岸。石棺被小心翼翼地搬上岸，但不久後即被遺忘，直到九世紀初某一天，一位名叫佩拉吉烏斯的隱修士夢到天使告訴他聖雅各陵墓的確實地點。在此之後，每天晚上的夜空中都有一串星星指引著一個特定方向，陵墓就此被重新發現。於是人們在那裡建造小聖堂，而後逐漸擴建為教堂及主座教堂。這個地方很快成了名聞遐邇的朝聖地，地位與羅馬及耶路撒冷並駕齊驅。

如果要解釋這個朝聖地中的後起之秀何以有如此驚人的發展，最容易想到的原因是：方便。聖雅各當然是一位重要使徒，但更要緊的是他的墓地可能比聖彼得或聖保祿的墓地容易到達（路途上的山隘沒有那麼險峻，所經地區比較不會有戰亂），縱使對居住在基督教地區北部的信徒而言，前往聖地牙哥和羅馬距離相當，但相較於耶路撒冷，聖地牙哥顯然要近得多。還有一個比較神祕也更強有力的理由足以說明聖雅各朝聖的大舉成功：這條聖路及與其有關的描述所散發的光芒。就羅馬及耶路撒冷而言，這兩座城市本身帶有如此強烈的神祕性格，以致通往那裡的道路相對之下一直只被視為一連串漫無止境的路標和百般寂寥的辛苦跋涉；聖地的耀眼光環使通往朝聖地的道路顯得黯淡無光，毫無特色。此外，一旦抵達聖地，一段新的路徑才要展開。在羅馬，信徒會從聖彼得大教堂走到拉特朗聖若望大殿、城外聖保祿大殿、聖母大殿、耶路撒冷聖十字聖殿、城外聖老楞佐聖殿等地。信徒也會參拜地下墓窟，那裡是最初的基督教殉道者的安息之地。在完成從家鄉到聖地那近乎直線前進的漫長旅途後，真正的朝聖路徑是在永恆之城羅馬才迂迴開展。

前往耶路撒冷朝聖又是另外一番景象，基督徒來到這裡是為了重新感受耶穌受難的所有過程。在參拜基督聖墓教堂後，信徒必須踏上耶穌赴難之路（*Via dolorosa*）；到聖城東邊爬上見證過耶穌死難的橄欖山；前往耶穌受難前夜與使徒最後晚餐後進行禱告的所在地客西馬尼（Gethsemane）花園，追憶當時情景；登上城牆後方錫安山上的馬可樓，並參拜在聖彼得三次不認主的地點所興建的雞鳴教堂。除此之外，朝聖者也可以繼續奔赴兩小時步行距離外的伯利恆，以及更遠、更北方的提比里亞湖畔，那是耶穌度過童年時光的地方；他還可以到拿撒勒拜觀聖母領報的洞窟。因此，無論在羅馬或耶路撒冷，貨真價實的朝聖之路是在抵達聖地後才展開。

但孔波斯特拉聖地牙哥只有一座主教教堂，它獨自矗立城中綻放異彩，與太陽一樣獨一無二，是旅途的唯一終點。筋疲力竭的朝聖者抵達喜樂山時乍見它的形影，不禁高聲歡呼，這時他會立刻下馬，而如果他原本就在走路，他甚至會脫下鞋履，以更謙卑的姿態朝聖地邁進。抵達聖地牙哥聖殿之際，朝聖之旅就來到「終點」。此外，孔波斯特拉聖地牙哥的地理位置本身就塑造了這個聖地的神奇魔力：它位於歐洲大陸極西端（梭羅不是寫過，走路就是朝西方前進！），是「世界的盡頭」（*finis terrae*，即大地結束的地方，再過去就是長久之中被人們認為不會有彼岸的汪洋）。為了前往聖地牙哥，朝聖者必須堅忍不拔地完成太陽所走的路徑。

人們說起聖地牙哥朝聖之路時，跟談到羅馬或耶路撒冷朝聖之路時的感受截然不同。墓地的神祕色彩沒有那麼強烈炫目，不會使通往聖地的道路顯得黯然失色；甚至可以說聖地牙哥彷彿是在用它的光芒返照朝聖之路。抵達聖地牙哥確實代表旅途完成，但在那之前的整個過程不會因此而淡然無味。聖地牙哥之所以受信徒歡迎，不僅在於它提供一個神聖的目的地，也在於它帶來一段可貴的旅途。這趟加利西亞朝聖之旅之所以偉大而奧妙，是因為它同時神聖化了聖殿本身和通向聖殿的道路。而且路線不只有一條：要走哪條路，經歷什麼樣的冒險？經過制度化之後的孔波斯特拉聖地牙哥朝聖之旅包含四條主要路線及為數眾多的次要路線，其中每條路都設有特定宿泊點及應訪地。如果是從法國的維茲雷（Vézelay）出發，信徒在參拜聖瑪利亞・瑪達肋納聖殿、為她淚洗耶穌雙足的事蹟感動落淚以後，必須繼續前往諾布拉（Noblat）參拜雷歐納（Léonard）——「蜷縮在黑暗中的人的解救者」——的墓地。如果是從聖馬丁（Saint Martin）遺體所在地的圖爾出發，他就必須經過安置聖約翰—巴普提斯特（Saint Jean-Baptiste）頭顱的安哲里（Angely），然後前往桑特（Saintes）拜謁被一百五十名屠夫殺害的聖厄特羅普（Saint Eutrope）遺體。如果是從普伊（Le Puy）的聖瑪麗大教堂出發（這條路線就是*Via Podiensis*，即「高山路線」），[5]那就得經過孔克（Conques）膜拜貞潔殉道者聖芙瓦（Sainte Foy）的遺體。如果是從普羅旺斯的聖紀樂（Saint Gilles）陵墓出發，則必須經過土魯斯（Toulouse）參拜聖瑟爾南（Saint Sernin）的遺體。以上只是簡單舉幾個例子。

十二世紀出版、附於加里斯都抄本（*Codex calixtinus*）中的「聖雅各朝聖指南」列舉一條條聖人遺體朝拜路徑，每條路都具有神奇的療癒功能，非常靈驗；一座又一座聖墓都能造就令人驚嘆的神蹟。聖靈顯現之處，聖堂隨之矗立；朝聖路線上的重要教堂總有相當程度的類似，它們彷彿兄弟般座落於孔波斯特拉朝聖之路沿途。因此，漫長的旅途上點綴著互相呼應的聖殿，但也有許多提供一晚膳宿的修道院及招待所，接待風塵僕僕的信徒，有時甚至是為他們帶來生命最後的慰藉。這些道路似乎也譜寫出一本巨著的不同篇章。中世紀文學史家約瑟夫・貝迪耶（Joseph Bédier）曾寫道：「最初是那條道路……」他所謂「最初」，是指敘述之初、小說之初、史詩之初。在法國文學的最初，首先有的是那些朝聖之路。他的論點是，法國的武功歌（*chanson de geste*，即中世紀史詩）正誕生於孔波斯特拉朝聖之路上的漫天黃沙中。朝聖之旅漫無止境，信徒們歇腳過夜，在晚間交談之際加油添醋地描述先前聽過的某個故事，為其賦與史詩般的特質。不同情節互相串連，不同片段交錯成章，直到共同譜成一首浩瀚的詩歌，而後透過書寫正式記錄下來。孔波斯特拉的奇蹟即在於此：透過朝聖之路的奇蹟，完成了聖雅各，即走路讚美詩中所提的「使徒第一人」（*primus ex apostolis*）的神蹟。

5 普伊這個地名源自拉丁文的*podium*（高山），因此「高山路線」即「普伊路線」。

Régénération et presence

重生與聖靈存在

所有朝聖行為的深層都包含一個神話及一個烏托邦：重生的神話、聖靈存在的烏托邦。我之所以很喜歡由聖雅各代表朝聖美德這個想法，原因之一正是因為他被記載為耶穌顯聖容的第一位見證者。宛如耶穌得以改變容貌，人的內在轉化一直是朝聖者心中的奧祕理想；朝聖歸來之際，務須獲得心靈的改變。這種轉化也可透過「重生」的語彙予以陳述，因而聖靈的存在經常可於聖地、泉源、河流中感受，人投身在這些具有淨化能量的元素中，可以洗盡塵埃，彷彿淘去原來的自己，獲得全新生命。在此我們很容易聯想到印度教徒前往恆河源頭朝聖的習俗。

在藉由走路獲得重生的烏托邦式理想中，我們可以舉信徒到岡仁波齊峰[1]朝聖的例子。這座終年積雪的宏偉山岳彷彿一座圓頂聖堂，巍峨矗立在遼闊高原上；在許多東方信仰中，它是一處聖地，是宇宙的中心。[2]如果朝聖者從印度的廣大平原地區出發，他必須步行數百公里橫越喜馬拉雅山脈，在冰凍的高山隘口和悶濕的低地山谷間穿梭前進。這條路行走起來極為費力，充滿高山地區的所有考驗和危險：險峻的步道、高聳的峭壁……行走途中，人逐漸失去自我認同及記憶，成為一具只是在不斷走路的軀體。

翻越一處埡口後，朝聖者抵達普蘭（Puyrang）山谷，景物頓時改變，這裡是明亮而澄淨的礦物世界。雪峰聳立於上的灰暗岩石區已經攀爬完畢，霧氣繚繞的墨綠冷杉林也已經全部穿越。在普蘭山谷，唯有大地與天空之間簡單而純淨的相互辯證。這是世界肇始的風景，一片由灰色、綠色和米色交織而成的荒原。朝聖者的個人歷史已經全然掏空，他穿過這片荒蕪的澄透世

---

1 岡仁波齊峰位於西藏普蘭縣境內，海拔六七二一公尺。「岡仁波齊」是中文音譯自藏語名稱*Kangrinboge*，在梵語中則稱為吉羅娑（*Kailāśa*）山。西方語言普遍採用源自梵語的譯名*Kailash*。

2 見戈文達喇嘛（Lama Anagarika Govinda）的《白雲行》（*The Way of the White Clouds*），中譯版於一九九九年由台北白法螺出版。

界，但他已經可以在遠方看到另一條山脈，線條規律有緻，閃耀聖潔光芒。他再也無足輕重，而他在黯黑的湖泊、泛著金光的山丘、固若磐石的大地中蜿蜒走行，在象徵意義上彷彿是基督徒進行的黑暗禮拜[3]。還要再翻越一處埡口，才能抵達諸神的境地。雪白圓頂不可思議的景象直撲朝聖者的目光而來，使他益發勇往直前。岡仁波齊峰宛如一輪靜止不動的冰晶夕陽，那白雪皚皚的山頂超越人心，無可抗拒地引導、呼召著它。終於越過海拔超過五千公尺的古拉埡口，這時出現的景象令人震撼，彷彿持久不去的閃電深深穿透靈魂：無邊的偉大驟然、斷然展現。往下俯瞰是一座深藍色湖泊，即瑪旁雍措（Manasarovar）[4]，而抬頭一望，岡仁波齊峰終於躍然眼前——它的身影宏偉雄大，卻又顯得如此自在而圓滿。在無比純淨的空氣中，萬物似乎都迸發光彩。聖山聳立在走路者身前，那是地球的臍帶、世界的軸心、絕對的中央點。面對此種令人暈眩的情景，朝聖者感覺自己既是征服者，又被完全征服。對所有用走路征服壯麗自然的人而言，任何絕對偉大的風景都讓自己在被一股勝利的能量穿透全身的同時，卻又感到全然被擊潰。兩股動能同時占據他的身心：他發出勝利呼喊，旋即崩潰落淚。他用目光主宰山岳，但那景象卻同時壓垮他。在這種相互矛盾的雙重動能中，走路者受到難以言喻的激盪。但對岡仁波齊峰的朝聖者而言，持續數月的去人格化過程所留下的虛空，忽然在這裡被重新填滿：它在這裡，就在這裡，就在我身前！周遭數以千計的小石堆（用三塊、四塊、五塊石頭堆成的小小寶塔）使這種感覺更加強烈，它們見證著千百年來成千上萬的朝聖者跟他一樣，也體會過這種在筋疲力竭的時刻中感受到的狂喜。無以數計以礦石堆砌的供品散發出聖靈存在的氣息，彷彿從泥土中生長出來的永恆花朵，令朝聖者激動不已。他不禁渾身顫動，因為每個石堆似乎都在對他顯靈，他彷彿被無數鬼神團團圍住。

接下來，他還要圍繞聖山走一圈，這要花上好幾天時間。在東方宗教傳統中，信徒到了一處聖地以後，必須一邊禱告一邊繞著它行走，而岡仁波齊峰儼然是一座天然神廟，一座由天神雕砌在冰原中的聖殿。但最終極的試煉

3 黑暗彌撒（tenebrae）一稱「熄燈彌撒」，是羅馬天主教傳統拉丁彌撒制度中於聖週最後三天（星期四到六）舉行的夜禱及晨禱；由於是在近乎漆黑的狀態中舉行，因此以「黑暗」稱之。黑暗禮拜具有悼念及哀傷的性質，選用的讚美詩多與耶穌受難事蹟有關。

4 音譯自藏語的「措」即「湖泊」之意。

正等著考驗朝聖者：他必須登上海拔五千八百公尺的卓瑪（Dolma）埡口，然後才盤旋而下，朝下方的山谷而去。抵達這種幾乎超過人類極限的高度以後，置身冰雪中的朝聖者停下腳步，像垂死者般匍匐在石地上，重新想起所有那些他不懂得愛的人，為他們祈禱。他與自己的過去達成妥協，然後毅然決然地與它告別。接著，他下山前往「慈悲之湖」托吉措（Gauri Kund），在翠玉般碧綠的湖水中洗去原有的自我認同和個人歷史。一個輪迴在此結束。朝聖者重生了，但他並非重生於自己，而是重生於對自我的斷捨、對時間的淡然，以及對宇宙的大愛。

朝聖行為本身也乘載一種宇宙重生的烏托邦式理想。墨西哥維裘（Huichol）族人所做的「烏羽玉（peyotl）大走行」最足以用來說明這點。這個族群生活在遺世獨立的瑪德蕾山脈（Sierra Madre，「母親山脈」）地區，族人每年從玉米收成之後的十月份開始會集結成小隊伍，行走超過四百公里的石路及泥土路，直到抵達聖路易斯（San Luis）沙漠，那裡生長著一種名叫烏羽玉的小仙人掌，無刺、呈球狀，同時具有醫療效果及迷幻性質。他們採收這種仙人掌後把它裝進大柳條簍裡，然後高聲唱歌，快樂地返回家鄉。

展開這段長程步行之前，村民必須精心籌備，舉行各種犧牲及祭典，例如捕鹿取血，將沿途準備送給各路重要神祉的供品先在鹿血中浸泡。每名參與者在旅途中都會有一個儀式名，在行進秩序中也會有一個定義明確的位置，他會是某位神祉或某種職務的肉身代表，必須遵守重要齋戒，只在特定時間喝水，並嚴格戒除性欲。旅途第五天，他還必須公開進行完全的告解。這趟朝聖之旅的目的地是「維里科塔」（Wirikota）——族群祖靈的土地、烏羽玉生長的地方。每天的步行距離和宿泊地點都是由古老傳統所制定，亙古不變。旅途期間，引導他們的薩滿（薩滿知道所有相關傳說故事以及庇佑和救贖的經文）對隊伍行經的風景瞭若指掌，彷彿在閱讀一本天地之書。路徑轉彎處，他會停下腳步，謙卑地以經文唸出某個懇求，然後莊嚴肅穆地揮動聖杖上的羽毛，為隊伍開啟下一個遼闊空間，這樣他就可以跨越「雲門」。每扇雲門都是通往一處新聖地的門徑。在整趟路途上，地形的高低、樹木的位置、岩石的分布都有其歷史：在某個地方，散落地面的石塊是某位粗心大意的祖先搞丟的一束箭；在另一處地方，一個沼澤生態系代表世界泉源的臍帶（這座泥沼是神所留下的痕跡，因此底下有泉水湧出）。隊伍必須在這裡停留很長一段時間，進行淨身儀式，祭出貢品，在岸邊插上飾有羽毛的箭。然後隊伍重新上路，在全然荒蕪的壯麗地景中朝太陽山邁進。

太陽山附近是先祖的土地。朝聖者的臉孔頓時繃緊，這個地方充盈著神話及聖靈的存在。忽然，隊長說他看到一頭大鹿，隊伍全然肅穆地跟著隊長往前走。隊長用箭尖指出他說他看到神鹿現蹤的地方——肉眼看不見的鹿角墜落在地面，早已長成一大株仙人掌。隊長訴說的，正是烏羽玉誕生的神話：很久以前，太陽神將一支光箭射在鹿神身上，鹿角隨之掉落，在地上化為珍貴的仙人掌。人們圍繞在烏羽玉四周祈願、獻上眾多祭品，請求仙人掌將它的力量和神功傳遞給他們。這些儀式完成以後，薩滿會挖起烏羽玉，切成小塊分給所有同行人，他們一邊食用一邊誦經：「你到這裡尋找生命，這就是生命！」他們會在維里科塔待三天，採集神聖的烏羽玉，把柳條簍裝滿。每天晚上，他們都會食用少許仙人掌，直到深夜；他們做的夢會被仔細分析，藉以決定下一年度中族群的社會生活和組織方式。三天結束，一行人重新上路，用雙腳完成四百公里的歸鄉之路。

維裘族人之所以進行這趟朝聖之旅，除了是為了採收烏羽玉這種被他們用作萬靈丹及興奮劑的仙人掌，也有「維持世界秩序」的意涵。烏羽玉代表火神，與玉米和鹿共同組成神聖的三位一體。根據該族神話，第一次採收烏羽玉的遠征行動是由一位原初神祇（即戰勝黑暗及死亡的神）所組織，作為乾季及雨季之間的過渡，在火與水這兩種對立勢力間求取平衡。生命正是取決於這種二元性：玉米同時需要水及日照才能生長。每年重覆進行那趟原初遠征，正是確保宇宙平衡穩定的方式。世界秩序的維持要靠走路。這是一則重生的神話，既關乎宇宙也關乎個人。

朝聖行為也隱含關於聖靈存在的烏托邦式想像。先前已經提過，存放聖人遺骨的聖髑櫃是非常重要的朝聖目的地，信徒走入聖堂，直接感受聖靈的存在：他與聖人遺體同在，那聖髑就在大理石棺中，它散發的強大力量充盈在石材裡，傳導到信徒體內。此外，信徒也在山丘上感受到聖靈存在，救世主的身影覆蓋山丘，彷彿永恆的回音般在那裡縈繞。眼前一切不再是圖畫、象徵，聖靈真的「就在那裡」。不過，人必須靠雙腳行走前往這些聖地；走路需要時間，這樣才有餘地讓聖靈存在慢慢進駐身心。當我們憑藉雙腳從遙遠的地方走到一座大山山麓，我們不只是用眼睛看到一個視覺意象，大山的存在早已盈滿體內的所有筋絡血脈。視覺意象只是一種外在表徵。我走出汽車，面對著一座紀念物、教堂、神殿：我看到它、仔細欣賞它，但那只是視覺形象。我很快地設法對它有所認識，然後拍張照片——讓視覺形象成為攝影圖像。但存在感卻是需要時間的：必須從遠方開始觀看，從阿瓦隆（Avallon）的最後一座山丘上開始眺望，忽然間維茲雷聖母大教堂的形影浮現，然後要慢慢向它走近，看光線如何慢慢改變它。它忽而消失，忽而又出現，我們隱約揣測著它的輪廓；但正朝它走去的朝聖者清楚知道它就在那裡吸引著他前去。當他終於放下行囊，當他終於抵達目的地、可以停下腳步，他並不需要透過肉身的眼睛明白自己是否征服了眼前的景象，那景象早已滲透在他全身所有細胞中。

於是一整天的朝聖之旅起了質變。靠走路抵達這個名字讓我們朝思暮想、形象令我們魂牽夢繫的地方後，整段來時路途也彷彿驟然被照亮。面對眼前固若磐石的聖靈存在感，人在疲憊的身體狀態、甚至百般無聊的心情中完成的旅程有了無比的意義，成為一連串絕對必要而充滿喜悅的時刻。走路使時間變得可以逆轉。

La démarche cynique

犬儒主義者的走法

古希臘賢哲是否善於走路？傳說似乎認為如此，因為傳說通常把這個角色描繪成在門生之間站立走動的人物，或從一排列柱或一條林蔭道的一端走到另一端，有時他會停下腳步，轉身往相反方向前進，而他身後總是跟著一群殷勤的門生。拉斐爾在他的著名畫作《雅典學院》（*École d'Athènes*）中就是這樣描繪古代哲人：他們昂然站立，步履穩重，手勢堅定。

我們知道蘇格拉底不習慣待在一處不動。他總是在市集廣場（agora）上踱步，尤其是在人潮洶湧的市集日時。他不斷提問的聲音從大老遠就可以聽到，但他喜歡的並不是走路本身，而是到公共廣場或運動場周邊找人談論。色諾芬（Xenophon）在《回憶蘇格拉底》（*Mémorables*）中寫道：「蘇格拉底總是生活在光天化日下。從大清早開始，他就喜歡待在體育場的散步走廊；市集日時，他也總要去湊熱鬧。他的時間都消磨在最有機會碰到很多人的地方，在那裡不斷談話、發問。」儘管如此，蘇格拉底並不善於走路。在柏拉圖的《斐德洛斯篇》（*Phèdre*）中，我們看到他對散步興趣缺缺，對鄉村敬而遠之：大自然顯然不太合他胃口。

羅馬帝國時代作家第歐根尼・拉爾修（Diogène Laërce）以非常簡略的文字指出，柏拉圖可能是一邊走路一邊教學。亞里斯多德則據說是因為同樣的這種習慣而有了「漫步者」（*peripatêtikos*）的別號[1]。他之所以得到這個稱號，有另一個可能性來自他在雅典成立學院的地點：他是在依里索斯（Ilissos）河畔一座原為體育場的地方創設他的「呂克昂」（*lukeion*，即「學院」），那裡有一條可供漫步的列柱走廊（*peripatos*）。希臘文中的*Peripatein*一字同時具有「漫步」、「對話」、「邊走路邊談論」的意思。不過拉爾修曾提到，亞里斯多德因為腿部比較衰弱，因此後來匯集到一定數目的門生

1 亞里斯多德及其門生所創立的哲學門派也因此被稱為「逍遙學派」。

後，就決定坐下來講學。

斯多葛學派人士已經不再邊走路邊教學，而是像在愛彼克泰德（Epictetus）的學院中那樣，由老師向一群可能是坐著不動的學生授課。至於伊比鳩魯學派，他們不喜歡移動、鼓噪，因此不難想像他們是隱身在庭園中，在大樹的陰影下安靜地交談。

唯一真正不斷走路的古希臘賢哲是犬儒主義者[2]。他們不斷漂泊，在街頭流浪，彷彿跟狗的習性類似。他們不斷行走，從一處廣場移動到另一處廣場，從一座城市遊走到下一座城市。

犬儒主義者的身分可以從他們的外表和儀態辨識出來。他們手裡握著一支品質優良的棍杖，肩上披著一條同時具備被毯、大衣和帳篷功能的厚實布料；他們還會在身側背一個包囊，但裡面幾乎空空如也。[3]由於他們長期不斷走路，他們連穿鞋子的需要都免去了：他們的腳底就是一塊天然的皮革鞋底。不過他們也可能穿上涼鞋。中世紀的朝聖者在外觀上跟他們近似，托缽修會[4]的乞食僧更是如此。不過，犬儒主義者走路的目的不是為了傳道，而是為了挑釁、引起不安。他們實踐的是謾罵的技巧，而不是傳播福音的藝術；

他們不斷詛咒、冒犯，不斷用言語攻擊他人。

除了外表之外，他們的言語也非常特殊，而且他們開口時根本不能算是在說話，而是像狗吠。他們的話語刺耳而充滿攻擊性，每當他們在多日行走之後終於抵達一處公共廣場，就可以聽到他們開始訓斥、辱罵在廣場上逐漸聚集的群眾。這些民眾對他們充滿憤怒的謾罵之詞既覺得好玩，也隱約感到煩惱，因為每個人似乎都被罵到了——他既有的習慣、行為標準及想法都受到質疑。不過，那些質疑並不是學者型的辯證或道德上的論述；犬儒主義者滔滔不絕的演說乍聽真的像狗吠，他們不肯歇息地發出短促而凶猛的叫聲，那頂多算是一連串的刻薄責求、一堆漫無邊際的狠毒笑話、一陣陣猛然爆發的咒罵。

2 法文形容詞 *cynique*（犬儒）、名詞 *cynisme*（犬儒主義）等字源自希臘文的 *kunos*，意指「狗」。犬儒主義者的生活非常艱困，他們喜歡咒罵眾人，抨擊人世間的虛情假意。現代法文中的 *cynisme* 一字語意已有轉變，通常是指一個人因為憤世嫉俗而罔顧人類基本價值，只求透過社會制度獲取最大利益。

3 見第歐根尼．拉爾修，《哲人言行錄》（*Vies, doctrines et sentences des philosophes illustres*），法文版第六冊，頁22–23。

4 天主教地區的托缽修會於十三世紀初隨著中世紀布爾喬亞階級的興起開始陸續出現。托缽修會全靠施捨與捐助維持，排除個人及團體財富，修士均須發貧窮誓願，藉此清心傳道。

婚姻、習慣、階層秩序、貪婪、自私、懦弱、罪惡、追逐名聲、巧取豪奪，所有心態、習俗與傳統，優良也好、不良也罷，都被他們踐踏、恥笑、玷汙。凡事都逃不過他們，一切都被他們從遊民觀點大肆譴責、指摘、嘲笑。

犬儒哲學與走路者狀態之間的關聯當然遠遠超過流浪的表象，但存在於那種曠日廢時的遊走生涯中的固有經驗規模一旦被套用於城市中，就彷彿彈藥庫起火般一發不可收拾。

◆

透過那種簡陋、粗野的生活方式，犬儒者凸顯出的第一種經驗是「根本性」的經驗。無可諱言，他時時刻刻必須面對外在因素毫無保留、甚至凶猛摧殘的力量：刺骨寒風、滂沱大雨、灼熱驕陽。因為他不斷走路，也因為他一無所有——既無住所，也無財產，他總是暴露在這些自然因素中。然而，也正因如此，他得以找回存在於這種原始處境中的「真理」。所謂根本，就是這種具有耐受力、能夠長久維持、完全無需附著於任何條件的真理。真理的根本性是野性的，它是自然因素能量循環的一部分。

「辦公室型」哲學家喜歡把「表象」（apparence）和「本質」（essence）加以對照比較。他要拉開感性劇碼的簾幕，排除可見外表的掩飾，直搗根本和純粹，致力超越世界的紛亂色澤，讓他的思想閃爍晶瑩剔透的永恆光采。感性是謊言，是各種表象彌散的結果，身體則是一種屏幕；真正的真理只匯聚在靈魂、思維與精神之中。

犬儒主義者打破這種古典對照的遊戲。他並不打算尋找、重建某種超乎表象之外的真理。反之，他會到內在的根本性中挖掘這種真理：掀開世界的表層圖像，攫取潛藏於其下的支撐要素。所謂根本就是：只有天、地、風和陽光是真理。它們所擁有的真理是一種無可超越的原始力量。辦公室型、或者說「定坐型」哲人，他為求在永恆心智中找到庇護而讓自己浸淫在一種感性中。不過，那種感性在此還是太過複雜而多元，其中混雜著房屋、森林、紀念碑、深淵……原本人不該這麼快就超越表象，但真正的苦行正是深入事物之中、挖穿感性成分，直到找出絕對的根本性作為能量，直到觸及阻抗點、難以繼續往下探尋為止。

然而，這個發現之所以促使犬儒主義者四處奔走（他從不是那種單獨與萬物存在的呼吸共生的隱士），是因為它具有政治性：它必須有助於揭穿哲人擺出昂然姿態時的可笑面目（其實他們肩膀垂縮，豐富的內在沉重得使他們身體蜷曲），看清他的所謂本質性真理其實貧瘠不堪，他的書卷和教誨其實平淡膚淺。真理是由自然元素展現在其野性能量中：大風颳過肌膚，太陽光燦耀眼，暴雨聲勢懾人。在經歷這種真理的同時，人獲得一股古老能量，讓他膽敢嘲諷賢哲們臉上看似莊嚴的強笑。

◆

這種遊走狀態所引發的第二種經驗是「生」[5]的經驗。當時，許多作家論述「犬儒主義歪風」時，會指責犬儒主義者以生肉為食。第歐根尼不就是因為吃了一條活生生的章魚而送命？[6]但這裡的「生」並不僅指食物的生，也涉及犬儒主義者言行舉止的生硬低粗。

不過，這種在行為及生活處境上的生硬低粗卻又是一種戰爭工具，用來對抗另一個重要的古典對照組，也就是哲人們喜愛辯證的「自然」（naturel）與「人為」（artificiel）的對立關係。他們所稱的「自然」，是指每個事物與其本質的共存方式、每個存在體與其定義之間的巧妙呼應。而這個與自己之間的透明等同性可能因為人為介入——似是而非的論述、社會機制、政治法則——而變得模糊不清。有鑒於此，每一次都必須潛入表象後方，抓取萬事萬物的平靜真理。

由於犬儒主義者將本質挪置於根本性的範疇，他因此顛覆了自然性的概念。對他而言，自然天性就是「生」；所謂生，是指直接觸及根本需求的自然。那當然是一種自然性，但不是夢想中的理想自然，不是某種讓真理安靜停駐的烏托邦。「生」是未經文明琢磨修飾的自然性，野蠻不羈，不受侷限，那是一種不講禮儀、不怕出醜、不知羞恥、不求人性的自然性，是身體以不顧社會習俗與道德規則的方式在運作。赤裸就是一種生。解便、手淫，

5 這裡的「生」在法文中是*cru*。這個字最基本的意義是「生、未煮熟」，如*viande crue*（生肉）；由此衍生的意涵則有「未加工」、「未經人工修飾」、「生硬」、「直接」等，如*soie crue*（生絲）、*lumière crue*（強烈、直接、不柔和的光線）、*description crue*（直接、露骨、低俗的描述）等。過去中文裡「生番／熟番」的概念也有異曲同工之妙。

6 見第歐根尼·拉爾修，《哲人言行錄》，頁74。

也是生。[7]吃東西可以純粹是胃部生理運作的事，就是把胃裝滿又清空。一條狗在睡覺或身體需求獲得滿足時不會裝模作樣。有一天，第歐根尼在一個餐宴會場周邊徘徊，厲聲訓斥一群吃喝作樂的白痴，這時有人像餵狗吃那般丟給他一根肉骨頭。第歐根尼衝了過去，抓起來就大口咬食，啃完後竟爬上一張餐桌對著賓客撒尿。各位鄉親父老，我跟你們一樣吃東西，我也跟你們一樣撒尿！

犬儒主義者並非悖德，他只是藉由彰顯自己的身體及其生理功能，抨擊世人在談論自然天性時不斷把後天的教養及道德價值掛在口上，以至虛偽造作而不自知。透過定坐型哲人的論述，所謂自然性早已成為社會規範和文化架構的外交郵包，裡面的一切都已被修飾得溫文有禮。於是犬儒主義者用他的「生」締造翻天覆地的革命。

◆

犬儒主義者的第三種重要經驗是他暴露在外的生活。當然，有時候他會棲身在路邊偶然看到的大甕缸中，[8]但他終究是居無定所，睡在溝壑中、城牆下，或以襤褸大衣覆蓋身體。他不斷流連在外，而且不只是暴露於先前述及的大自然力量，也暴露在世人的眼光中。他在外飲食，[9]也在光天化日下行魚水之歡，一如同為犬儒派哲學家的克拉特斯（Cratès）及希帕奇雅（Hipparchia，克拉特斯之妻）。[10]

犬儒主義者的「在外」狀態動搖了傳統上對「公」與「私」所做的界定。這種區別只對定坐者有意義，他們選擇兩個封閉的同心圓，藉此讓自己免於外在大自然的侵襲。私領域是親密的家庭情感，私密的欲望，是個人資產的堆砌、牆壁帶來的保護。公領域則是野心抱負、功名利祿、他人的眼光、社會上的身分認同。

但犬儒主義者一直「在外」。從這個「他方」、這個外在於凡塵俗世的

7 見狄翁．赫里索多模（Dion Chrysostome，公元一世紀希臘雄辯家、哲學家、作家、史學家），《第歐根尼，或曰論德性》，第八講第二十七節；第歐根尼．拉爾修，《哲人言行錄》，頁69。
8 第歐根尼．拉爾修，《哲人言行錄》，頁23。
9 第歐根尼．拉爾修，《哲人言行錄》，頁58。
10 第歐根尼．拉爾修，《哲人言行錄》，頁96。

象限，他得以將私領域的低劣行徑與公領域的罪愆惡習融混在一塊。從這個外在，他可以不斷發噓聲、喝倒采，讓公領域和私領域相互貶抑、訕笑，把人世中種種約定成俗的妥協與安排赤裸裸地披露出來。

◆

不斷遊走的犬儒主義者還有一個重要的經驗層次，那就是「必要性」。必要性並非如宿命般被強加於人身上，而是慢慢發掘、擄獲、征服的結果。這裡面同樣含有對傳統二元對照體系的顛覆：何謂「有用」（utile）？何謂「徒然」（futile）？當一位彎身在書桌前振筆疾書的哲學家說，床對人的睡眠有用、而要求睡在奢華的天蓋床上是徒然，或者說杯子對喝水有用、但要求用黃金高腳杯喝水是徒然，他以為自己已經思考得非常透徹。對犬儒主義者而言，這種區分是枉然的，因為它們同樣無法通過必要性的試煉。

某天，第歐根尼在噴泉邊看到一名孩童把雙手合攏、捧水飲用，他頓時驚愕地停下腳步，然後斷然宣告：第歐根尼，你終於碰到比你更厲害的人了。[11] 語畢，他從沒裝幾件物品的包囊中取出木杯，帶著勝利的微笑把杯子遠遠拋開。他感到歡欣滿足，因為他又找到一個為自己解除負荷的好理由。

這就是必要性，一種苦行者式的征服。不若成天貼坐於座椅的哲人，這裡的重點不在於強調人必須懂得從阻塞生活空間的無用財產中抽離，而是要挖掘到「有用」之下，直到剩下「必要」。這不僅僅是簡樸——安貧樂道，謹慎運用有限物資——而已；這裡的工作比此更艱難而磨人，必須讓自己能夠一概不接受非必要的事物。這遠遠超出逆來順受乃至低頭認命的概念：這種超越反而讓人得以彰顯一種絕對主權，因為一旦人超越「有用」的範疇，直抵「必要」的核心、征服了它，「匱乏」的意涵就被全面顛覆了。

◆

走路者是王者：大地即是他的國土。[12]人一旦征服「必要」，就不再有任何欠缺，因為絕對必要的事物無所不在，既屬於所有人，又不被任何人所擁

11 見第歐根尼．拉爾修，《哲人言行錄》，頁37。
12 見赫里索多模，《論王道》（*Sur la royauté*），第四講。

有。於是，貧富的相對概念被完全倒轉，貧窮成了富足。

歸根究柢，如同伊比鳩魯學派的闡述，所謂富足就是無所欠缺。而犬儒主義者確實無所欠缺，因為他已經在必要性中找到幸福的泉源：大地是他的身體歇息之處，他在飄泊過程中不斷獲得各種得以維生的食物，滿天星斗就是他的天花板，潺潺清泉可以為他止渴。必要性完全超出有用與徒然的範疇，一旦掌握其精髓，人世間的所有文化物件驟然顯得無關緊要、多餘累贅，只會把人物質化，心靈反而變得貧窮。

犬儒主義者說，我比任何大地主都要富有，因為整個大地都是我的領土。我的財產無邊無際，我的房屋比任何住宅更廣闊，或者該說：我要有多少房屋，就可以有多少；岩石間所有角落、山丘上所有凹處，都是我的棲身之所。我的食物及酒品儲備多過任何人，我隨時可到噴泉邊喝個酣暢淋漓。

犬儒主義者也不知國界為何物，因為他走到哪裡，哪裡就是他的家。他是世界的公民——並非因為一個人已經一無所失，因此終於可以著手捲土重來，[13]而是因為世界的根本、必要、生硬低粗，那種「在外」的狀態，已經賦予他無邊無際的慷慨。這一切無涉於世界主義（cosmopolitisme）概念所蘊含的那種理想藍圖、未來規畫、規範構築、虛擬拓樸、美好承諾。反之，犬儒主義者的世界性完全是在無根狀態中成就出來的。他絕對自由，盡情展現令人豔羨的強健體魄，以及他那無與倫比而又可無限分享的主權。「你是何方神聖，憑什麼說教？」、「我是世界公民，我是從那個外在發聲，對你說話。」

> 看著我，我沒有房子，沒有祖國，沒有財富，沒有僕傭。我睡在地上。我沒有妻兒子女，沒有深宅大院，唯有這片大地，這片天空，一件舊大衣。但我有何欠缺？我不是早已擺脫悲傷和恐懼，不是終於安然自在？
>
> ——愛彼克泰德，〈犬儒主義者圖像〉（Portrait du Cynique），
> 出自《對話錄》（*Entretiens*, III, 22, 47–48）

---

13 此處是指拋下一切、奔赴遠方建立全新生活的移民型世界公民。

Les états du bien-être
安適的狀態

喜悅、樂趣、自在、幸福……今天，這一切似乎都具有相同價值。但古代賢哲曾經非常精細地區分這種種安適狀態。那些區別的重要性在當時不言而喻，因為不同哲學派系之間的區隔就是以此為依據。雖然所有學派都主張智慧是要讓人達到心靈圓滿，但各門派在圓滿的定義上各立其說——圓滿是存在的終止？抑或是某種遼闊無邊的追尋標的？昔蘭尼加學派[1]、伊比鳩魯學派、懷疑論、柏拉圖學派……每個門派的聖哲們對於何謂圓滿的闡述都截然不同，有人強調喜悅，有人主張幸福，有人追求安詳平靜的自在。

然而，走路的經驗超越於任何門派之上。它可以適時開啟所有可能性，讓人有機會以各種不同程度、在各式各樣的情況中，享有前述所有狀態。走路經驗可說是一種入門實踐，帶人進入所有主要的古代哲學的思維體系之中。

這裡首先探討「樂趣」。樂趣的關鍵在於交會與邂逅。有一種圓滿的可能性是透過邂逅某個軀體、某個元素、某種物質而感覺到圓滿。樂趣的唯一意義即在此：找到種種溫和柔美、令人愉悅、前所未見、陌生而甜蜜、野性十足等等的感受。一切都與感覺有關，一切都是經由交會而觸發，都是因為外在因素為我們發掘、證明了潛藏在我們身體中的固有可能性。樂趣是邂逅到正確的客體——那個足以讓各種感官可能性開花結果的人事物。

樂趣有一種彷彿注定的特性經常被提及，那就是樂趣的「重複」有損它的強度。當某個正確的客體為我帶來真正滿足，我第二次消耗它時會產生新的、可能更強烈的感受，因為我滿心期待、讓自己處在某種「品鑑珍寶」的態勢中；我全心投入，不願錯過它的任何層次，要品嘗它所含的全部圓滿。

1 希臘人於公元前七世紀在古埃及西北地區建立昔蘭尼（Cyrène），附近地區統稱昔蘭尼加，目前位於利比亞境內。公元前四世紀創立於此的昔蘭尼加學派是最早期的蘇格拉底學派之一，強調感官享樂，認為樂趣是人類唯一的固有善旨。

到了第三次、第四次時，路徑清晰了，處女地已被開發，一切開始變得熟悉。那個事物、那種水果、那款美酒、那份觸感的本質依舊不變，但它在我身上已經有了固定位置，它穿越我的身心時不再掀起奔放的波瀾。然而，人在樂趣中所追尋的，正是這種強度——一個所有感官知覺都被驚醒、撩撥、挑動、簇擁、淹沒的片刻。反反覆覆以後，驚喜歸於平淡，就像湯冷了加熱，菜涼了重新拌炒，雖然樣子差不多，但就是少了幾分鮮美。這時只好採取雙重策略，增加樂趣的量和變化性。前者是增加「劑量」，後者則是改變類型，更換品種，轉移到其他型態。這些策略可以達到某種程度的效果，特別是當我們第一次實施時，我們會找回一部分原已失去的強度。但這種效果是可以預想、安排、捕捉的，預期心理太精確，樂趣的強度因而被扼殺。

但人在走路時、在無意邂逅之際，卻可以忽然找到那種感受純粹樂趣的時刻。覆盆子或歐洲越桔的滋味，初夏陽光的溫柔，潺潺小溪的清新。每一次交會，都有一種彷彿不曾體驗過的感覺。走路因而讓感官無法遏制地迸發，搓揉出無止境的感受可能，讓人在縷縷幽微中悠然品味每個轉彎處巧遇的驚喜。

◆

喜悅是另外一回事，它較不被動卻更苛求，較不強烈但更完整，較不局部而更豐富。走路時也可以感受到一種喜悅，那是一種由身體活動所牽動的情感。我們發現，亞里斯多德和史賓諾莎[2]在根本上有相同的觀念：喜悅伴隨肯定感而來。

悲傷屬於被動的範疇，是我無力達成目的時的感覺。我在擠壓中掙扎，周遭一切都在排拒。我忍耐，奮力想要突破。我又重新開始，但眼前一切同樣無動於衷，而我就是辦不到。面對一張白紙，我的腦海完全乾涸，這是何等困頓的處境。字句遲遲無法成形，彷彿醜陋笨拙的厚皮動物般拖拖拉拉、碰撞推擠，就是排不出整齊隊形，一陣跌撞之後，好不容易寫出來的只是胡言亂語。運動競賽中的失敗同樣令人傷心：全身僵硬，雙腿像棍棒、身體宛如鐵砧，完全不聽使喚，癱瘓了，不過是一團廢肉。彈奏樂器也可能令人沮

2 史賓諾莎（Baruch Spinoza，1632-1677），荷蘭哲學家，深受笛卡兒哲學影響的理性主義者。

喪，手指無法正確反應，彷彿沉重的木槌；樂音隨之扭曲變調、荒腔走板，琴弦發出刺耳嘶吼。還有，職業倦怠也帶來哀愁：工作太呆板，任務太沉重，但再怎麼無聊、疲憊，卻還是得設法讓身心如機器般運轉。一切都不對勁，於是悲傷襲來。悲傷源自人的肯定感因為阻撓、妨礙、挫折而變調。

當我必須做出某個困難動作，我會設法不斷嘗試，重新開始，堅持不懈，最後終於順利做了出來。此後，我逐漸駕輕就熟，不費吹灰之力就能完成，做得又快又好。當訓練過程讓人克服最初的笨拙無能，情況也相同：身體變得輕盈，能正確有效地「回應」。喜悅並不是心滿意足地欣賞優異成果，激動萬分地品嚐勝利滋味，得意洋洋地享受成功帶來的飄飄然。喜悅是一個徵象，代表某種能量正在自在地展現，那是一份自由的肯定感——自由自在，因為一切都變簡單了。喜悅是一種活動：輕鬆完成一件困難度高、需要時間磨練的事，肯定心智的洗鍊或官能的通達。思維因為探索、發現而喜悅，身體因為收放自如而喜悅。正因如此，喜悅不同於樂趣；喜悅會隨著重複而增強，變得更形豐富。

人在走路時，喜悅彷彿是連續不斷的背景低音。當然在某些時刻，路途會變得辛勞，體力付出增加，令人懊惱沮喪。某些時候，我們則會感到欣喜、滿足；回頭一看，身後是剛爬上來的險峻陡坡，一股驕傲之情不禁湧上眉梢。然而，這種滿足感卻太常導致世人注重數字，急於爭取成績、表現，一切都要量化（高度落差有多少？一共攀爬了多少時間？最後抵達海拔幾公尺？）。於是走路成為競賽。這也是為什麼高山健行（攀登高峰、克服挑戰）總帶著那麼點不純粹的成分，原因正在於這種活動夾帶著自戀性的滿足感。真正的走路是遠離歡呼喝采，讓自己的身體浸淫在這個最古老而自然的活動所帶來的簡單喜悅。我們不妨觀察蹣跚學步的嬰孩：當他第一次把一隻腳挪到另一隻腳之前，喜悅的光環會迅速籠罩在他的周遭。宛如連續低音般伴隨著走路活動的喜悅感，來自我們隱約感受到哪個身體部位可以幫助我們完成哪個動作，每跨出一步後身體又是如何動員完成下一個步伐所需的資源。

還有一種喜悅超越走路這個動作本身，但確實是由走路所獲致的——那就是一種近似圓滿的喜悅感，一種存在的喜悅。走了一整天之後，坐下來伸展雙腿，靜靜地喝幾口清水，吃頓簡單的晚膳，欣賞日落西山的美景，迎接夜晚溫柔降臨[3]。身體去除飢渴疲累，沒有任何痛苦，只是單純地感覺自己活著，卻足以帶來最強烈、最純粹的的喜悅。那種感覺如此崇高，卻又如此謙卑：只是活著，只是感覺自己身在此處，細細品嘗自己的生命與世界的存在和諧一致的感受。只可惜長久以來，我們太常受到不當意象的影響，以為幸福圓滿必須取決於擁有財物和社會地位。為了追尋喜悅，我們總是不惜遠走高飛，卻不知喜悅就在身邊，它是如此簡單，卻反而變得難以獲取。我們走得太遠，總在無意中把它拋在後頭。走路的經驗無疑讓人得以重新掌握這種喜悅，因為當我們讓身體經歷長時間的活動——先前已經提過，這種身體活動既會帶來喜悅，也會造成疲累和無聊——在隨後的休憩中，一份圓滿幸福的感受會油然而生，那是一種存在於背景中的、更深層、更基本的喜悅，與某種更幽微的肯定感有關：身體溫柔地呼吸著，此時此刻，我活著。

◆

走路還會帶來一種感覺，我們可以稱之為「幸福」。對此，歷代作家的著墨可能比思想家的論述更細膩深刻，因為幸福主要關乎交會與邂逅，而且取決於特定情境。沿路吃到甜美野莓，或是感覺春風拂面、神清氣爽，這是一種「樂趣」。走路時意識到自己的身體渾然天成地往前邁進，這是一種「喜悅」。感受到自己的存在，這是一種「圓滿」。在夕陽光芒中驚見一座被染成紫紅的山谷，這是一種「幸福」；這個在夏天傍晚所見的奇觀只會維持片刻，一整天被金光燦爛的灼熱艷陽照得喘不過氣的景物在黃昏時分終於得以舒展、呼吸，把所有色澤層次優雅地鋪陳出來。稍後來到小屋，又邂逅另一份幸福：一起度過一夜的旅伴、因緣際會的山友，因為旅途中的偶然交會而感到幸福。

這一切的關鍵，在於領受。幸福的前提是成為某個美麗景致、某個美妙時刻、某個美好氣氛的領受者，把握、接受、捕捉了那個時刻的恩典。這種幸福時光是無法用任何食譜調理出來、無法靠任何規畫形塑而成的，你只能期盼當幸福落下來時，你碰巧走到那裡。若非如此，那就不是幸福：它可能

3 此情此景反映的正是韓波詩作〈綠色小酒館〉（Au Cabaret Vert）所展現的詩意：「歡喜滿足，我的雙腿在桌下伸展……」。

會是成就某事的滿足、完成某個動作的喜悅，但這不叫幸福。然而，幸福感是脆弱的，是無法重複的。彷彿偶然閃現在世界脈絡中的金紗，一旦它躍然眼前，就要縱情擁抱。

◆

最後一種安適狀態是「自在」。這又是另一回事：多了些捨得，少了點驚奇；多幾許聽天由命，少幾分肯定執著。靈魂達到某種怡然自得、全然平和的狀態。走路有助於獲致這個狀態，在休息與前進的交替之間，悄悄地、漸漸地把人帶向那個境界。當然，這跟走路的慢和絕對重複等特質緊密相關：一個人必須「下定決心」，才會心甘情願這樣走路。

自在是不再為恐懼與希望令人焦慮的交替循環所苦，甚至是讓自己超脫所有信念——因為信念是要辯證、建構、捍衛的，而這與自在的境界相違。當一個人踏上路途，並清楚知道抵達下一個宿泊點需要走多少小時，這時他會一心一意地走路，沿著步道前進。除此之外，沒有別的事做。無論如何，路途將非常漫長，縱使勤奮的步伐分秒不停地把時間填滿，目的地也不可能忽然提前來到。無論如何，夜晚將會降臨，雙腿終於在不斷交替的移動過程間，走完原本看似不可能的距離。這是一種宿命，會帶來無法避免的效應。走路者幾乎無需決定、質疑、計算。除了走路，無需做任何事。當然他可以為接下來的過程提前設想計畫，但人在走路時，事物的變化太緩慢了，預先計劃只會令人感到氣餒。於是，人只有乖乖地往前移動，按照自己的韻律行進，直到抵達宿泊地。自在就是懂得這樣單純地沿著道路前行。然後，隨著走路的步履，自在的感受也會讓人覺得一切煩悶紛擾、庸庸碌碌，以及所有在我們的身體上、生命中刻劃歲月痕跡的因素，忽然間都懸浮不動了，因為那些都已經遠離視野、無法度量。令人廢寢忘食的激情、繁忙生活的折騰擠壓、既誘人又讓人作嘔的俗世情感，都逐漸淡去，消失在走路者疲乏麻木但仍堅定不移的腳步中。只是不斷走路。彷彿獲得一種超然的自在，走路者不再心懷期待，天地間一股巨大的溫柔包圍著他。只要走路，不斷前進。

L'errance mélancolique

憂鬱的漂泊

Nerval

╳內瓦爾

內瓦爾[1]勤於走路。走路、回憶、想像，以歌聲相伴：

加油！我的朋友，加油！
村莊就在眼前！抵達第一棟房屋，
我們就停下腳步歇息！
——〈安吉羅克：第十封信〉（Angélique: Dixième Lettre），《火之女》（*Les Filles du feu*）

內瓦爾會長時間待在圖書館做研究（他致力搜尋稀有手稿，重建令人難以置信的族譜，設法填補歷史故事的空缺），也會在書桌前振筆疾書，致力創作（大仲馬曾說內瓦爾都在寫些「辦不到的書」）或抄寫。

偶而，他會拜訪屈指可數的朋友，或者在晚間前往劇院，遠遠地想望舞台上那位獨一無二的「無雙女」（他暗中熱切渴望、傾慕著的演員——珍妮·C）。在這些活動之間，他有許多時間晃蕩、流浪。

在此，我要談的不是他到德國、英國、義大利、荷蘭，或是更遠的回教地區（亞歷山卓、開羅、貝魯特、君士坦丁堡）所做的旅行。

我要談的是他在巴黎大街小巷中的漫遊，從蒙馬特山丘往下移動，浪跡在中央市集一帶的巷弄間；或者他在埃莫儂維爾森林[2]、默特楓丹（Mortefontaine）森林、亞爾美橋（Pont-Armé）樹林、聖羅杭（Saint-Laurent）、艾納（Aisne）河畔、泰夫（Thève）河畔的漫遊（最後他總愛走到柳樹島上的盧梭墓那「古老而簡單的造形」前靜思）。內瓦爾筆下的風景充滿古堡和鋸齒形瞭望塔，山谷間的樹叢在秋天披上紅色霓裳、鮮活靈動地妝點青青草原，落日為大地染上金橙光彩。樹影婆娑，林木蒼翠。平坦的景

1 傑哈·德·內瓦爾（Gérard de Nerval，1808-1855），本名傑哈·拉布呂尼（Gérard Labrunie），法國詩人、作家、翻譯家，浪漫主義時期重要詩人。除眾多文學作品外，也以翻譯歌德作品聞名於世。

2 埃莫儂維爾森林也是盧梭晚年踽踽獨行的地方。

物彷彿在沉睡。清晨，神祕的暗藍光線中霧氣氤氳，鬼魅四處游移。十月向晚，鄉野間泛著古樸金的色澤。人彷彿在這般風景中夢遊，步履緩慢輕盈，毫不費力（那些地方的地形相當平緩），落葉沙沙作響。

我們在內瓦爾的走路身影中看到了憂鬱。名字、記憶，都帶著憂鬱，憂鬱縈繞在《火之女》、《漫步與記憶》（*Promenades et souvenirs*）的字裡行間。最後，他走到一座小村莊，穿過濃霧瀰漫的樹林，走進盪漾在秋光中的村落。那些村莊的名字一直令那走路的人魂牽夢繫：曲斐、夏利斯、羅瓦吉、歐提斯。溫柔中帶著憂鬱：內瓦爾總是走在迷濛顫動的光影中，步履晃動心靈，潛藏的記憶不斷浮現。隨著那輕柔移動的步伐，孩提時代的憂愁又一陣陣湧來。走路時，總是只能憶起那些迷離的夢。

林木輕輕搖動，從早晨的深藍轉成向晚的橙紅，色澤從不濃烈逼人；信步其間，不禁悲從中來，難以止息。這樣的走路不是撫慰心靈的藥方，不是帶來能量的泉源。愁緒不會散去，只是有所轉變。這是一種孩童們知道而且喜歡玩的把戲；這樣走路，彷彿是讓自己走進水澤中，讓憂愁被沖淡，任由那水淹沒自己。任憑哀傷之情瀰漫周遭，縱身於紛飛愁緒。夢境般的走路，內瓦爾也在踽踽獨行。不若尼采那般聳立於命運之上（尼采走路時總愛「往上攀爬」），內瓦爾讓自己的足跡烙印在童年的夢幻中。

舊時歌謠在唇邊流轉：「從前有位騎士從法蘭德斯歸來……[3]」在秋日的羞澀陽光下長時間走路之後，時間變得混沌。在那平緩的地形中，過去的歲月迷散延展，交錯混淆。樹葉仍舊沙沙作響，風聲依然如故，光線總是蒼白微弱。童年只是前天、昨天、方才；轉瞬間，當時的悲愁已經無盡地溶進陰暗、爽快的森林小徑。夢幻般的憂愁就是內瓦爾的寫照：緩慢的步行喚醒昔日鬼魂，婦女的面容溫柔慈悲。還有在走路時的那份確定，相信自己的童年總是在那樣的光線中度過。不是緬懷消失的歲月，不是憑弔逝去的童年；那童年本身就是懷舊（「沒有過去」的懷舊——只有兒童能明白這種奇蹟）。就那樣慢慢走著，走在華洛瓦地區的風景中。

《奧蕾莉亞》（*Aurélia*）展現的是另外一種憂鬱，它主動、活躍而又晦澀，是各種執念所引發、歲月的積累所夾帶的憂鬱。那不再是秋日中溫柔、

3 〈安吉羅克：第十一封信〉（Angélique: Onzième Lettre）。

閒散、靜肅的行走，而是踏上追尋之旅時的熱狂，是命運的急促腳步，時間終止的緊迫感催促著走路的人加快步伐。一八五四年夏末，內瓦爾離開布朗希醫師的診所以後（布朗希其實並不認為他已經痊癒），就不停地走路。他雖然在一間小旅館開了房間，但只在身體疲憊不堪、非休息不可時進去睡個覺。他走路，不斷走路，在咖啡館停步稍歇，品一口芳醇，然後重新上路。接著，他走進圖書室閱讀，走到朋友家拜訪，然後繼續走路。不是為了遁逃，而是在恍惚中堅持要證實他已有預感的事。

此時的走路彷彿一股主動活躍的憂鬱。《奧蕾莉亞》描繪了一種走路型態，環境中的各種徵兆會在走路時被喚醒。瘋狂的走路者在城市中感到激昂又焦慮。街頭是一個神奇的機制，足以維持、助長、深化一個人的瘋狂狀態。無處不是鬼祟的眼神、斷續的移動、對立的聲響：車聲、鐘聲、談笑聲，以及成千上萬的步履踩在人行道上的撞擊聲。走路者不得不設法為自己開出一條路，於是一切彷彿鬥爭，瘋狂達到頂點。

我想到最後那天，一八五五年的一月二十五日。結束最後一次浪跡街頭，內瓦爾來到老燈籠街[4]——他在那裡找到一扇設有鐵柵欄的窗戶可以用來上吊。但說他「浪跡街頭」不免輕率，因為他是在追隨一個急切的執念。奧蕾莉亞就盤旋在他的腿際，他追隨呼喚著他的星辰時會是何等心境。

當我們審視自己陷入深沉絕望或突然感到快欣的那些時刻——或者就籠統地說「高感知強度的時刻」，因為絕望與快欣這兩者的界線似乎不是那麼清晰——我們會發現一種走路的渴望在召喚我們。必須離去、出走，義無反顧地追隨。腳步急促，周遭的目光彷彿都在凝視你、捕捉你、譴責你，但即便群眾從四面八方湧來，還是要奮力穿越，跟隨自己、也逆反著自己出走。走路，彷彿那是瘋狂所做的恆久決定，孤獨所獲的偉大勝利。然後看到那邊的一切都在閃爍、招手、呼喚。內瓦爾看到一顆星星逐漸變大，月亮分化成許多個身影。走路使瘋狂綻放，讓迷癡實現，因為走路時一切都有了清晰的「邏輯脈絡」：雙腿乘載著身軀，我們感嘆著這樣真好。該往那裡去，就是那邊沒錯。其他人認為我們在流浪，其實我們只是在跟隨自己的意念，那帶

4 老燈籠街（Rue de la Vieille-Lanterne）是從前巴黎的一條小街道，原址位於市區中央塞納河右岸的夏特雷（Châtelet）廣場旁，於十九世紀後期巴黎市長歐斯曼（Haussmann）進行大規模都市更新後消失，埋沒於現在的市立劇院（Théâtre de la Ville）及警政大樓之下。

領、乘載著我們的意念。話語湧上口邊，我們像走路般地說話。一切都變得真實。走路是一股活躍奔騰的憂鬱。

「我邊走邊唱一首神祕歌謠。」一些曲調重新迴響耳際，它們無不在映證著什麼。這趟走路不再使回憶溫柔復返，而是讓巧合不斷迸現。徵象越來越多：就是這樣，絕對不會錯。

他來到陰暗、漆黑、僻靜、窄小、不易進入的老燈籠街。從夏特雷廣場轉入名字充滿肅殺之氣的圖里街[5]以後，人幾乎是「摔」進那條後巷。沿著圖里街走上一段，街道忽然變窄，隨後化成一道「狹隘、濕黏而陰森」的階梯，通往下方有如一條陰暗步道的老燈籠街。暗夜裡前往該處，彷彿窺見「墜入地獄的意象」，就如大仲馬所言。

隔天清晨，內瓦爾的屍首被人發現時，「帽子還戴在頭上」（這也是大仲馬的親筆描述——他人的不幸總是賦予大仲馬無盡靈感）。他之所以自殺，究竟是因為他重新找回理智後不禁感到無以忍受的酸楚，抑或因為瘋狂終於奔湧到極限，成就了、實現了？

但我們又如何知道，人為何要走路？

5 圖里街（rue de la Tuerie）中的tuerie一字意為「宰殺」。當時巴黎的屠宰場就設於夏特里廣場旁，因而有這個街名。

Promenades

漫步

漫遊當然也是一種走路活動，雖然廣義上來說我們也可以騎馬漫遊、乘船漫遊……在此探討的是步行漫遊，或說漫步。漫步時，走路的動作無疑沒有長途健行那種厚度，但漫步者可以感受到其他一些比較卑微的面向，與煞有介事的神祕主義觀點、形而上學的詭辯、各種隆重莊嚴的宣言帶來的感受大異其趣。

漫步可以是一種絕對的儀式，藉以創造童真靈魂；漫步可以是一種自由的舒放，藉此讓心靈休養生息；漫步也可以是一種再發現。

童年時期的漫遊是一種具有儀式性質的漫步。這時需要的是清楚的路徑，明確界定的路線。兒童不會若無其事地漫遊，不會做單純的散步，而是進行某種「特定的」漫步。對孩童而言，每一次特定的漫步都截然不同，經過的路徑不同，小路兩邊的籬笆不同，眼前開展的風景也獨一無二。每場漫步都是一個獨特印記。

年齡漸長，人逐漸變得只能感受一般的、類似的事物，一些普遍的類型。森林，山巒，平原……在居家四周，一切都變得相同。對成年人而言，每條小路都被包含在同一片大風景中，成為難以辨識的一部分。歲月累積出高度，成年人只會從高處俯瞰一切。經驗造就的觀點把一切磨平、壓扁，凡事都變得平淡無奇。什麼都一樣。他只知道他的房子位於某個地方，有一些路會通向那裡。

對孩童而言，所有道路都通向遠方，令人懼怕，但它們也代表不同世界的可能性。每條道路都不一樣，它們向截然不同的象限開展。在他眼中，甚至不會有兩棵樹長得一樣：糾結的枝椏、彎曲的樹幹、整棵樹的造形，一切的一切都使每棵樹與眾不同。他看到的不是兩棵桑葚樹或兩棵橡樹，而是一名戰士和一位巫師，一頭怪獸和一個小孩。連兩棵樹都可以如此不同，兩條不同的漫遊路線自然不在話下；小孩看到的每條路都有不同顏色，每條路兩旁都會出現獨特的樹木、人物。每場漫遊都代表一個獨立的故事，都通向另一個王國，那裡必然居住著不同的人物與精靈。

普魯斯特[1]小時候也是這樣，他有兩條漫遊路線，分別代表兩個世界：一條通往斯萬（Swann）家或梅澤格里茲（Méséglise），另一條通往蓋爾芒特（Guermantes）。這是兩張各自完整的世界地圖，各有其季節、時間性、色調、彩度。因此，通往斯萬家那邊的漫遊路線即使天氣不好也值得冒險走一下，因為它很短。懷中溫柔抱著的丁香花束，英國山楂花散放的醉人芬芳，斯萬家的優美庭園；有時在茉莉樹籬之間，鬼鬼祟祟、難以捉摸的小潑婦吉爾貝塔會突然間冒出來。

至於蓋爾芒特，如果想去那邊，首先得走庭院盡頭那扇後門，然後要特別留意天氣，因為這條路很長。蓋爾芒特主要是一個奇幻的目的地，因為小孩永遠到不了那裡，可是沿路有景緻優美的維翁河（有時他們會在河邊找個鳶尾花盛開的角落坐下來），還有一棟森林中的房屋，那裡經常有一位高雅的女士倚在窗邊，神情悲傷而若有所思。另外還有一些「潮濕的小圈地，圍籬上爬著一串串顏色暗沉的花朵」。

兩個截然不同、互不相通的世界。後來有一次，雅柏汀娜居然建議故事講述者走梅澤格里茲那條路去蓋爾芒特，令他大感震驚。這是什麼鬼主意，簡直胡鬧！地理上的客觀可能性在此正面撞擊，打碎了孩童心靈中界線明晰、晶瑩剔透的世界觀。對孩童而言，一條漫遊路線代表一個完整的身分認同，與某個人、某張臉有直接而唯一的關係。那絕不是從交叉路口放射出去的不同道路，或是同一片天空下的無數小徑。當然，只要站上聖伊萊爾（Saint-Hilaire）的鐘樓，應該可以同時看到那所有漫步路徑，從唯一的視角、在同樣的光線下，看它們浸浴在同一片土地的色彩中。但這種俯視所帶來的優越感是虛假的，那觀察的目光是抽象的，所有的路都變成只是幾何線條。孩童則是從小徑的角度直接看到那些路，他清楚知道石頭的形狀、樹木的樣貌、花朵的香氣，沒有任何東西相同。

我們不該把孩童的夢幻與想像特質和成人的客觀與務實當成兩件互相對

1 普魯斯特（Marcel Proust，1871-1922），法國作家。最著名的作品為浩瀚如江河的長篇鉅作《追憶似水年華》（*À la recherche du temps perdu*）。本章引述內容即是出自該作品。

立的事。事實上，孩童才是絕對務實的，他們的行為從不是依據概略籠統的思考。成人習慣在特例中發掘一般性，把某一朵花、某一棵樹直接歸入它所屬的物種，然後大聲宣布：這是丁香花，那是白臘樹、蘋果樹。孩童觀察到的卻是個體、特質。他看到的是一個獨一無二的形體，不會用某個專有名詞、某種具體功能去為它貼標籤。與孩童走路時，我們發現他們會在樹木的枝葉中看到奇幻動物，也會要你撫摸路邊花朵的柔軟花瓣。這不代表想像力的勝利，而是一種不帶成見的寫實性。萬物立刻充滿了詩意。這種帶有奇幻色彩的漫遊幾乎可說是兒童的特權，一個人逐漸長大以後會慢慢看不見那種魔力，因為他會針對萬事萬物形成僵硬的想法和信念，對於世間的一切，他只想知道其中的客觀表徵（悲哀的是，我們就把這個稱為「真理」）。

人過了童年以後，還是會出現一種一樣充滿夢幻的漫遊方式，只是少了點詩意。我是指那種輕鬆休閒的漫步，為了「換換空氣」而走路。當我們被工作折磨許久，或者百般無聊、寂寞難耐，我們會出門漫步，藉此「轉換心境」。特別是當外頭春光明媚、空氣清澄，而室內卻沉重壓抑、氣氛低迷，這種天差地別的對比更讓人雙腳蠢蠢欲動。一位德國哲學家、康德的友人，曾以極其精準的筆鋒及巧妙的思維描述這種出走漫遊的藝術。

在《漫步的藝術》（*Die Spaziergänge oder die Kunst spazieren zu gehen*）一書中，薛勒（Karl Gottlob Schelle）透過論述說明漫步如何讓身體舒放（首先就是字面意義的舒放，因為人在工作時的身體被迫彎曲，站起來走路以後，身體立刻重新舒展），但更重要的是它使人神清氣爽、精神舒暢，因為漫步可以為心靈解除疲勞。工作的時候，我們受到工作主題的禁錮，必須專注於眼前的事務，同一時間只能思考一件事。坐立的身體無法大幅移動，如果做的是勞動型的工作，動作必須精準，肌肉間的力道必須全面協調。由於必須持久專注，工作總是讓人身體緊繃、神經緊張。

儘管如此，漫步並不是不得已的休息、單純的停歇，彷彿那只是讓人暫時不工作。漫步更是改變韻律的方式，讓人體四肢伸展解放，讓心智功能休養生息。漫步首先在於擺脫束縛：我選擇我的路線、我的速度、我的相關想像。如同方才所提，薛勒是康德的朋友。我們不難猜到他讀過康德的書：在他這本書裡，薛勒可以說是把康德的整個美學架構應用到漫步這件事上。

漫步絕對不會是踱方步，因為後者不過是另一種讓思維延續的方式，人還是深陷在原有思考中。換句話說，當我碰到暫時無法解決的問題，我可以站起來走路。但這時我並沒有離開問題，我只是雙手背在腰後，搖頭晃腦走幾步路，而一旦身體的運動稍微通暢了我的思維——當難題迎刃而解，想出理想的論述順序，建立良好的闡釋方式，找到正確的概念——我就迅速衝回辦公桌振筆疾書，直到下次思緒被卡住為止。

出門漫步完全是另一回事，我們必須揮別工作。闔上書本、資料夾，堅定地踏出門外。一來到戶外，身體按照自己的韻律行進，精神感到自由歡暢，全面開展。我轉頭觀看右方風景中吸引我的事物，與我從左方接收到的意象搭配組合，我讓不同色彩互相輝映，視線在細節與整體之間來去自如。如果我是走在公園中紅男綠女熙來攘往的寬闊步道，我會盡情觀察，但精神不會處於工作狀態：我讓目光從一張臉游移到另一張臉，從一件裙子飄盪到一頂帽子，不讓自己的視線固定在某個特定事物上，不專注於某個造型、線條、表情。將劇場般琳瑯滿目的表象進行自由組構，這就是康德所謂「美學樂趣」：自由奔放的想像力盡情操弄五花八門的印象，對其進行天馬行空的排列組合。這一切都任我把玩，心智在此展現深刻的內在和諧：所有知覺功能不約而同地合作起來，一起自由自在地為多采多姿的世界景象賦予我想要的樣貌。

薛勒進一步說明，為了讓漫步的藝術臻至極致，必須具備幾項外在條件。如果你是在公共空間中漫步，那就要選擇寬闊的步道，這樣行人的身體才不至於經常互相阻擾。而且，步道上的人不能太多也不能太少：假使太少，我們就會忍不住想找出可能認識的臉孔並加以審視（那是他嗎？），而這樣我們又落入社會角色的巢臼；如果人太多，我們會因為人群的壓迫而感到挫折，太過紛亂的意象使感知系統的合成能力超出負荷。如果你決定在鄉間漫步，那就必須挑選山巒、谷地、溪流、原野、森林交錯的地方，讓想像力因為色彩和形狀的豐富多元而受到撩撥；最好是在陽光燦爛的時刻漫步，因為陰暗的情景可能使想像陷入糾結沉重的思緒中。

此外，市區漫步與鄉間漫遊一定要交替進行，不可顧此失彼。因為即便這兩者本質相同（讓馳騁的想像自由組構萬般印象），它們的益處卻大異其趣。在公園步道上走路是一種迷你的、探索式的漫遊，讓人在繽紛多元的人類形貌和舉止中，探尋哪些元素會讓自己的心靈歡喜愉悅。獨自在鄉間漫步時，流水潺潺的溪澗和鬱鬱蔥蔥的森林是你的友伴；這時人彷彿進入一種夢境，心智完全遠離嚴謹僵硬的系統性檢驗模式，但也因此更加豐富多采：在花草林木、天際線條親密交纏的景致中，人彷彿逐漸忘卻自我，因而一些平常被遮蔽的靈魂樣貌得以清晰顯現。漫步的奧妙之處就在於這種心靈上的無拘無束，在人類繁忙、紛擾、偏執、受狹隘思維禁錮的存在中，這種無拘無束顯得彌足珍貴。所謂無拘無束，是恣縱與活動經過巧妙整合所得的難能可貴的結果，使漫步行為充滿心靈魅力。靈魂向表象世界自由開展，不需對誰負責，不受縝密邏輯的宰制。漫步者踏著充滿奇幻想像的步伐，用明亮的雙眼探看周遭，在這場無需考量結果的遊戲中，世界賦予他的可能性遠大於嚴謹的系統化觀察所得。

不過，只有在自由不羈的心境下漫步時，才能真正享有漫步所帶來的種種發現和喜悅。假使把漫步當成一種方法，把尋找樂趣當成目的，那就不會有真正的驚喜。當漫步者感受明燦春陽的召喚，滿心歡喜地放下工作，為了讓自己享受片刻閒暇而出門漫步，那些發現和喜悅就會在偶然間降臨在他身上。出門時，心情必須輕鬆暢快，內心必須渴望將工作乃至命運暫時擱置一旁。只有這樣，只有當我們不期待從這次出門獲得任何利益，只有當我們願意拋開所有煩憂，漫步才能成為那個垂手可得的美學時刻，讓人重新發現生命的輕盈自在、心靈的柔美愉悅。我們的靈魂已經與自己坦然相待，與世界水乳交融。

漫步的藝術無疑是一種休閒的技術，但這種休閒也可能是一種重新創造，尤其在城市中更是如此。通常我們是抱著講求實用的態度走過街道，出門買麵包，尋找地鐵入口，上市場買菜，探親訪友。於是街道不過是戶外通道，我們低著頭走路，只留意對我們有用的少許事物。我們沒有真正在看什麼，只專注於什麼能夠促進效率：藥局的綠色十字招牌代表我該右轉，街角的褐色入口提醒我走進去就可以買到麵包。街道脈絡中只有幾個信號閃動著微弱光芒在指引我，但在整個街頭上演的人間劇場在我眼中卻黯淡無光。

有時我們應該做一件非常奢侈的事：在自己生活的街區裡漫步。這件事非常簡單，但卻極不尋常。我們不妨踏出猶疑試探的腳步，走入住家附近的街區，不帶任何目的地遊走在大街小巷。當我們終於抬起目光，慢慢凝視周遭——這時，奇蹟出現了。只能走路，不要用跑的，不要為自己賦予明確任務，接著我們忽然感覺城市像為初遊者綻放容顏般為我們悄然開展。由於我們不特別搜尋什麼，一切都成為我們的禮物：色彩、細節、形狀、外觀⋯⋯沒有目的的漫遊、獨自一人走在城市，我們驚喜地看到如此景象：這棟樓房的窗遮是什麼顏色，投射在牆面上又形成什麼顏色的陰影；黑色柵欄上的雕花裝飾美不勝收；這條街上的樓宇彷彿成排長頸鹿般巍峨矗立，那條街上的石砌房屋卻低矮扁平，有如一排豐美的烏龜；我看到櫥窗中的精采布置；行走在夕陽餘暉中，我看到建築立面轉為灰藍，窗玻璃卻倒映著火紅光芒。時間流逝，我依然在城市街頭，漫步。

Jardins publics

公園

有一種形式的漫遊非但無法有效展現街道或鄉村的美學特質，反而會在人為的世俗情境中敗壞。在此，我指的是那種高雅風流的社交型漫步，這時走路的主要目的是為了讓人欣賞。在巴黎，這種漫遊形式的象徵地標無庸置疑首推杜勒麗公園[1]。十七世紀法國古典悲劇大師高乃依[2]曾在《說謊者》（*Le Menteur*）一劇中寫道：「杜勒麗公園是仕紳名媛和風流男女的國度。」大自然在這裡被完全馴服：黃楊樹籬用拉線切成方形，步道筆直交叉，所有樹木修剪得整整齊齊，園內點綴著完全人工的噴泉和全裸雕像。從前只有上流社會人士有權進入這座公園，平民百姓被排除在外，公園門口則聚集著久候不耐的僕役，他們不斷咒罵女主人在園裡對追求者撒嬌送秋波，遲遲不肯出來，害他們悶得發慌。不過，風塵女子如果長得美豔動人、打扮得華麗高雅，或有達官貴人相伴，就可以冠冕堂皇地進去。夏天，人們在裡面待到很晚，在橙紅和紫色相互輝映的光影中，在眾人遊走揚起的陣陣沙塵中，等候溫柔的夜晚姍姍來遲。所有樹木都傷痕累累，上面刻著傷心男子留下的心愛女人芳名。

咱到杜勒麗去吧
快到那兒懷抱憂傷夢幻

——《杜勒麗的喜劇》（*La Comédie des Tuileries*）

---

1 杜勒麗公園（Jardin des Tuileries）位於巴黎羅浮宮與協和廣場之間的塞納河沿岸，是巴黎中心區最大的綠帶。十三世紀時這裡遍布瓦片（tuile）工廠，此即「杜勒麗」（Tuilerie）一名的由來。十六世紀後半葉，來自義大利的凱薩琳．梅第奇（Catherine de Médicis，亨利二世妻子）在這裡修建杜勒麗宮及義大利式庭園，十七世紀後半葉再由庭園景觀大師勒諾特（Le Nôtre）重新規劃為法式公園。杜勒麗宮成為數任法國國王的寓所，後於一八七一年巴黎公社期間遭暴民焚毀。

2 高乃依（Pierre Corneille，1606-1684），法國古典主義悲劇奠基者，與莫里哀（Molière）、拉辛（Jean Racine）並稱為法國古典戲劇三傑。

可見這是一個如花似玉的少女、憧憬風流豔情的已婚婦女、或需要慰藉的寡婦們所嚮往的地方。對女人而言，天底下最無聊至極的事不外乎時時刻刻與同一個男人——她的丈夫——面面相覷。一如十七世紀法國作家夏勒·索雷爾（Charles Sorel）在《一妻多夫》（*Polyandre*）中所言，公園的出現為她們提供了理想的抒發管道：

大多數讀過書的女人都很喜歡到皇后林蔭道、盧森堡散步道或杜勒麗公園，因為這些地方每天都可以看到新的男人面孔。

而最沒品味的事，就是丈夫和妻子一同前往這些漫步地點。

紅男綠女在公園的主要步道上慢慢走動，有時還會停下腳步（其實主要是為了擺個好看的姿態）。放慢腳步是有特定原因的：走得慢才能仔細端詳對方，或是讓旁人細細品味你的身材及魅力、聽到你的妙語如珠。外表當然要精心打扮（眾人目光挑剔，因此絕對不能出差錯：「那裡的臉龐各個宛如藝術巨作／自然經常沒有存在的份」[3]，友伴也得好好挑選（以免身邊的朋友把可能的對象拐跑）；一切就緒，就可以發動攻勢：巴黎女人勝利出擊！為什麼她們要漫步公園？拉布呂耶爾[4]認為他知道答案：「為了展示身上的美好面料，也為了採集美麗裝扮所帶來的果實。」美麗佳人蓮步輕移，引來一陣讚美的低語。她們不是真正在走路，而是在設法找到精緻華美的步履、婀娜多姿的樣貌。一如某位女僕向女主人提出建言：

> 跟所有美女一樣，在這裡絕不可以冒險表現出自然的儀態。比如，當您跟我一起到大散步道時，您得假裝跟我說話，顯出高尚知性的模樣，您也得時時露出笑容，藉此顯得快活高興，您還要經常挺直身體，展現頸項線條，睜大眼睛露出燦爛神采，輕咬雙唇以使它們紅豔動人。
>
> ——《巴黎的散步道》（*Les Promenades de Paris*）

3 引自《阿勒坎遊杜勒麗》（*Arlequin aux Tuileries*）

4 拉布呂耶爾（Jean de La Bruyère，1645-1696），法國道德學家。

所以杜勒麗公園中最受眾人矚目的就是大散步道，那裡是最重要的表演舞台，所有人搶著走進那裡看人與被看、評鑑別人與受別人評鑑：

那是俊男美女薈萃之地，
佳麗們無不精心裝扮，
莫論金髮褐髮，
在黃昏時分紛紛前來亮相。

眾人趕到此地展現
蕾絲、錦織、緞帶，
風塵女子也盛裝走來，
拍賣花容月貌、玲瓏身材。
男女在此公開調戲，
美麗飾物全體到齊，
但眾人卻要互相嫌棄，

說什麼人人大同小異。

——《巴黎的散步道》

在大散步道周邊，還有一些次要現場、橫向步道，各自都有其特色：東側有一排長椅是用來「盡情咒罵」（這裡是批評者、抱怨者的天堂），有幾條林木幽深的步道是男女偷情的祕境，還有幾條氣氛淒美浪漫的步道吸引性格憂鬱者流連。

眾多步道構成各式各樣的社交場景，使杜勒麗花園彷彿成為劇場，人人身兼演員與觀眾。跟在劇院舞台上一樣，這裡也有形形色色的角色：成天梳妝打扮的愛美女人、荒唐可笑的風流男子、高傲而造作的行政官、愛出風頭的軍官、小主人[5]、布爾喬亞、膨風的年輕人、神學院校友、專門散播小道消

5 「我所稱的小主人是指說話漫無邊際的那種無聊人，渾身散發窮酸味，卻又猛耍嘴皮」，見《關於皇后林蔭道、杜勒麗公園和聖伯納門等處散步道的新諷刺文》（*Satyre nouvelle sur les promenades du Cours de la Reine, des Thuilleries et de la Porte Saint-Bernard*）。

息的造謠者（大家搶著請他透露最新八卦）[6]，此外當然也少不了幾個酒鬼。無論如何，每個人到了這裡都擺出最體面的姿態，不管有多少財富，都要大費周章地用身上的穿著配飾加以展現，然後用眼角偷偷觀察別人的評鑑眼光。有人戴上假小腿或臉龐，有人大肆炫耀鑽石珠寶，有人則高談闊論。

在這個活絡的社交馬戲團裡，人們以漫步為名，互相尋獵、打量，盡人事之可能努力裝模作樣（假裝快樂也好、傷心也好，重點是要裝模作樣）。他們除了展現各自的不同外，如同詩文所言，不免也「人人大同小異」。也就是說，他們無不是在用最顯眼的方式展現彬彬有禮的風範，同時又要暗自相互鄙視、嘲笑：

斜眼醜男下三濫，
也敢罵你是個獨眼龍。
愚者作弄蠢人，戴綠帽的恥笑私生子，
每個女人都要貶損自己的女伴。

——《巴黎的散步道》

在一片低聲嘻笑怒罵的光景中，詭計、密謀紛紛出籠：有人安排祕密約會，有人假裝巧遇重逢，有人尾隨陌生女子，有人忙著耍嘴皮，淑女不小心掉了手套，殷勤的青年跪地撿拾。這就是妙不可言的「杜勒麗時光」。

6 拉布呂耶爾描繪過這等人物：「這種人天生就要東走西晃。他總能知道各種傳言、城裡的風風雨雨；他無所事事，不是忙著說話，就是忙著聽說別人在做什麼。」

La sortie quotidienne

日常散步

Kant

╳康德

眾所皆知，康德[1]的人生沒有什麼冒險的成分，我們甚至很難想像有誰的生活會比他更平淡無奇。

他生於柯尼斯堡（Königsberg），死於柯尼斯堡，畢生不曾離開家鄉，不曾旅行。他的父親製造馬鞍和皮帶，母親非常虔誠且慈愛，家裡永遠聽不到吼罵聲。可惜他的母親在他少年時代就撒手人寰，父親在他青年時期也駕鶴西歸。

康德勤奮好學，努力工作，當過家庭教師、助理，後來成為大學教授。在他出版的第一本書中，他開宗明義地寫道：「我為自己開出一條道路，我將沿著它向前走。一旦我的步伐邁開，就不會有任何力量使它停止。」

他身高中等、頭形偏大，眼睛湛藍，右肩高於左肩，天生體質虛弱。後來他的一隻眼睛失去功能。

他的準時也是眾所皆知，甚至讓他被冠上「柯尼斯堡之鐘」的別號。在他要教課的日子裡，只要看到他走出家門，就知道時間是八點整。七點五十分，他已經戴上帽子；七點五十五分，他拿起拐杖；八點一到，他準時跨出門檻。

他曾說，如果他只能保留一個物品，那就是手錶。

雖然程度不同，但康德就像尼采，除了寫作和授課之外，其他時間只在意兩件事：一是每天的散步，二是餐食內容。但這兩人的做法截然不同。尼采是個從不懈怠的走路者，他的步行總是路途漫長，有時還是陡峭的山路；食物方面，他通常吃得很少，宛如一名隱修士，不斷尋找最不會對他脆弱的胃臟造成負擔的食材，並經常節食。

1 康德（Immanuel Kant，1724-1804），德國哲學家。他是啟蒙時代末期最重要的思想家，也是德國古典哲學始祖。康德在西方思想史上具有承先啟後的關鍵地位，除了繼承古希臘哲學，也調和啟蒙時代的英國經驗主義和法國理性主義，開啟德國唯心主義和浪漫主義思想的先河。

反之，康德能吃善飲，在餐桌邊一坐就是好幾小時，不過他也懂得節制酒量。至於每天的走路，他倒是非常保守，甚至可說是小氣吝嗇。他無法忍受流汗，因此夏天他總是走得很慢，而且一感到汗珠開始冒起來，他就要停在樹蔭下休息。

這兩人的健康都稱不上完美；尼采有便祕，康德則容易嘔吐（不過我們不需要把這些病狀視為反映他們的哲學思維的生理象徵）。

性情脆弱的康德自認他的長壽（他活到八十歲）要歸功於他那不屈不撓的養生習慣。他把健康視為個人志業，要求自己遵守嚴謹的生活紀律。他熱切關注飲食醫學，曾說這門學問的重點不在教人享受人生，而是傳授延年益壽的藝術。

不過在最後那些年，他指責空氣中的一種電流損害他的健康，並斷言那是由同一時期巴塞爾市的貓離奇地大量死亡所致。他從不曾負債，而且只要有人想聽，他樂於大聲宣告這件事。他無法忍受雜亂，所有物品都要擺放在固定地方。任何改變對他而言，都是一種嚴重的磨難。

一位經常聽他講課的學生身上穿的外套總是少了一顆鈕扣。某天上午他出現時，外套上終於補了新鈕釦，結果教授反而感到非常礙眼。他的目光不斷游移到那位學生的外套上，盯著那個忽然多出來的東西看，甚至有人傳說康德要求學生把新鈕釦拔掉。他認為學習固然很重要，但學到某個東西以後懂得如何把它歸入適當地方一樣重要。他的衣服樣式一成不變，從沒有人看到他在穿著打扮上有任何巧思。

他的生活跟樂譜一樣規律，這點也讓人津津樂道。每天清晨五點，他就讓人把他喚醒，從來不曾晚於這個時間。起身以後，他會喝幾杯茶，然後抽一根菸斗，一整天就這麼一根。

有課的日子裡，他早上出門授課，結束後就回家，換上室內袍和軟拖鞋，開始提筆撰寫，直到中午十二點四十五分，不多也不少。接著他重新著裝，心情愉快地接待一小群朋友，互相討論科學、哲學和當天的天氣。

他一定會讓人準備三道菜以及乳酪，一起擺在餐桌上，有時也會加上幾樣甜點；每位賓客還享有一小壺葡萄酒佐餐。一群人就這樣一直聊到五點。

接下來是他的散步時間。無論天氣陰晴冷熱，他每天一定出門散步。他都是一個人散步，因為他要在整個步行過程中，閉著嘴、專心呼吸他認為對身體有益的氣息。若有朋友相伴，他會不得不開口說話，這樣就違背了他的養生規則。

由於他走的永遠是同一座公園裡的同樣路線，那條路後來被稱為「哲學家小路」。有人傳說，他一輩子只有兩次沒有遵守這個散步路線：一次是為了及早拿到盧梭的《愛彌兒：論教育》（*Émile, ou De l'Éducation*），另一次則是在法國大革命爆發後為了趕去聽新聞。

散步結束返家後，他會閱讀到晚間十點，接著準時就寢（他一天只吃下午那頓飯），並且立刻進入夢鄉。

康德的日常散步可說是毫無特色，沒有追尋天人合一，不會與大自然進行神祕偉大的結合，甚至沒有樂趣可言。他從不間斷地每天散步一小時，可說只是在盡一種個人的養生義務，但我們卻可以從中看到走路經驗的三個重要層面。

第一是單調。走路是單調的，嚴重地單調。關於走路的精采撰述（諸如托普佛[2]、維尚日[3]等人的作品）少不了要描述各式各樣的差錯意外、邂逅交流、人間悲苦。在這些史詩般的朝聖或健行敘事中，絕大多數文字都涉及停下腳步後發生的事件，而不是走路的過程本身。然而，事件從來不是走路的一環，而是中斷走路的因素。走路本身是單調、沒有事件的。走路不是一件「有趣」的事，而兒童非常清楚這點。歸根究柢，走路只是在不斷重複同一個動作：把一隻腳移到另一隻腳前面。但這種單調性的奧妙之處就在於，它竟然是治療無聊的良方。所謂無聊，就是身體靜止不動、腦海一片空白。不斷重複的走路動作必然會消除無聊，因為無聊不再能從萎靡不振的身體獲得滋補，不再能透過呆滯沉悶的狀態培養墜入混沌般的茫然與眩暈之感。在無聊狀態下，人總想「找件事做」，同時卻明顯感覺所有身體移動都是徒然。然而走路時，人總有事做——那就是走路。要說沒事做也行，不再有事做，正因為我們就在走路，而每當我們走到某個地點、完成某段路途，接下來還是只有繼續向前走，彷彿這是天經地義的事。身體受制於這種單調的義務，

2 托普佛（Rodolphe Toepffer，1799-1864），瑞士教育家、作家，漫畫家，被視為漫畫體裁的開創者。此處指其作《跌跌撞撞旅行去》（*Voyages en zigzag*）

3 維尚日（Michel Vieuchange，1904-1930），第一位探訪西撒哈拉斯瑪拉（Smara）禁城遺跡的歐洲人。此處指《斯瑪拉旅行筆記》（*Smara Carnets de route*）。

思慮卻獲得解放。走路時，人甚至不再有思考的義務，不再需要考慮這個考慮那個、這樣思考或那樣思考。透過持續而機械性的身體勞動，心神解除了羈絆，變得自由自在，於是思緒宛如泉湧，紛至沓來。

第二個層面當然與規律性有關。康德令人驚奇之處，在於他那種鋼鐵般的紀律。日復一日、固定不變的散步既伴隨著他每天長時間的研究撰述，也象徵他的工作風格。每天寫一頁，演繹一個論點，找到一個證據，建立一種闡述方式，點點滴滴加總起來，卻構成一份龐大的志業。這當然還有一個先決條件，那就是要有東西說、有東西想。但這其中令人讚嘆之處，就在於這種相對關係：透過日復一日的努力、不斷重複的動作，透過一絲不苟的紀律，最終臻於磅礴偉大。成就這份偉大的，不是什麼足以讓時間凝結、驟然創造奇蹟的電光火石，而是一磚一瓦、穩紮穩打的毅力。正如在連續走路三、四天以後，當你攀上一座隘口回首望去，看到遠方迷濛飄渺處的出發地點。這距離如此遙遠，卻在一步一腳印的行走過程中、在堅定不移的決心鞭策下，走了過來。所謂紀律，就是透過義無反顧地重複可能，成功征服不可能。

第三個、也是最後一個層面，跟無可避免的必然性有關。我們知道康德每天下午五點都要出門完成散步這個日常義務，那像是一個持久不變的儀式，與太陽每天升起一樣規律而重要。這種規律性之所以具有無可避免的必然性，是因為其中所含的某種命運特質——但那是一種由當事者主動掌握的命運，由個人「強行」加諸於自己身上。透過紀律，人也可能成為自己的命運。當意志的行使在二十、三十、四十年的規律行事後達到一個門檻，日常的努力就成為一種必要性，若不是因為這種必要性是由當事人自己所構築，我們幾乎可以說它全面主宰了他。這種無可避免讓我們看到紀律不只是一個被動的習慣，它讓我們感受到由意志所打造的命運，而尼采正是透過意志為自由的概念下定義。走路之所以具有無可避免的必然性，是因為一旦我們決定出發，我們就有義務抵達目的地。為此我們沒有其他方法，只有不斷前進。就算路途遙遠、身體疲憊不堪，我們總會「抵達」，只要一小時又一小時堅持不懈地走，不斷告訴自己：「加油！」這是走路者無可避免的宿命。當他邁步上路，他只有一直走路，才能抵達終點。意志就是命運。

Le flâneur des villes

城市漫遊者

城市漫遊者與杜勒麗公園的風流漫步者截然不同。班雅明[1]透過他對巴黎的風俗研究，讓城市漫遊者的角色變得名滿天下。他仔細閱讀波特萊爾——《巴黎的憂鬱》（*Le Spleen de Paris*）、《惡之華》中的〈巴黎圖像〉（*Tableaux parisiens*）、《現代生活》（*Vie Moderne*）中的描繪，從中捕捉、探析、描繪這種走路的人。城市漫遊必須有三個前提，或說有三個條件必須重疊：城市、人群、資本主義。

城市漫遊者的經驗無疑是一種走路的經驗，但與尼采或梭羅的走路完全兩樣。此外，對熱愛在大自然中長程步行的人而言，在城市中走路儼然是一種折磨，因為如後所述，走路者被迫進入一種充滿碰撞的不規則韻律。

不過，城市漫遊者跟只是閒來沒事東遊西逛的人也是兩回事，後者會不斷停下腳步，駐足在有趣的情景、精采的櫥窗前。城市漫遊者則是真的在走路，甚至可說是在人群之間滑行。

城市漫遊的先決條件是十九世紀間發展出來的都市密集化現象，群居地的集中造就了廣袤的都市區，使人得以連續走數小時路都無法看到鄉村。在這種新型都會（倫敦、巴黎、柏林）中走路時，我們會穿越各式各樣的街區，每個街區自成一個世界，跟其他街區不同、區隔、分離。從某個區到另一個區，一切都可能改變：房屋的規格、建築的整體樣貌、街巷中的氣氛、人們呼吸的空氣、生活方式、光線、社會類別……城市漫遊的前提是都市已經發展到一定規模，使它成為名符其實的風景。我們在城市中穿梭時，彷彿就像在穿越一條山脈：通過一處處隘口，視野不斷轉換，處處充滿危險和驚

1 班雅明（Walter Benjamin，1892-1940），德國哲學家、藝術史學者、翻譯家，將波特萊爾、巴爾札克、普魯斯特等法國作家的作品譯成德文。他以「靈光」（aura）概念闡述藝術廣為人知，亦批判普遍被採用的「線性時間」概念。

奇。都市成為遼闊森林、深邃叢林。

城市漫遊的第二項發展要件是人群。漫遊者走在人群中，穿越人群。這個他遊走其間的人群，就是所謂「大眾」：辛勤、忙碌、無名的大眾。在工業大城中，人們上班、下班，忙著運送包裹貨物，或者步履急促地趕場；這些人代表著一種新的文明。這樣的人群帶著敵意，他們敵視構成人群的其他成員。每個人都希望走得快，其他人成為他新進道路上的障礙。當人群出現，其他人立刻化為競爭者。這樣的人群跟遊行示威、罷工抗議、爭取權益的抗爭群眾不同，不若他們那般團結一致、在相同口號下展現壯大的聲勢與力量。都市人群中的所有成員利益相互衝突，就連最具體的移動都會是矛盾的根源。人在其中不會與任何人真正相遇，迎面而來盡是未知的面孔，大都神情封閉，而且就統計學角度而言，他們幾乎不可能有機會認識。在此之前千百年的人類世界中，城鎮中一但出現異鄉人，就會引人驚訝側目——他們看到陌生臉孔了。他從哪裡來，到這裡做什麼？但在今天的世界中，無名才是規則，認識才令人驚異。

在人群裡，人與人相遇的基本規範完全消失，人們不再可能停下腳步打聲招呼，閒聊幾句天氣。

城市漫遊的第三個形成因素是資本主義，更精確地說就是班雅明所謂「商品的宰制」。當商品的存在形式超過工業產品的範疇，跨越到藝術品乃至人，資本主義就此正式出現。世界被商品化：一切都是消費品，什麼都可以販賣、購買，在無止盡的需求造就出來的巨大市場中，一切皆可待價而沽。賣淫普及了，成為社會運作的主宰力量：努力賣吧，把自己也賣出去！

◆

城市漫遊者具有「顛覆性」。

他顛覆人群、商品和城市，以及它們所代表的價值。曠野中的走路者、背著背包的健行客，都在讓斷裂的光彩和否定的鋒芒與文明的假漆形成對立（傑克・凱魯亞克、蓋瑞・施奈德等人都是著名的例子）。城市漫遊者的走路行為比較曖昧，他對現代性的抗拒顯得搖擺不定。顛覆不在於對立，而講求迂迴、挪用，誇張到不惜變異，接受之後還要超越。

城市漫遊者顛覆了孤寂、速度、庸碌匆忙、無止境的消費。

顛覆孤寂。關於人群造成的孤寂效應，許多人已有著墨。蒼茫人海中的陌生臉孔、無法穿透的漠然，都使心理上的孤寂感更加深刻。每個人都覺得自己與他人疏離，這種感覺不斷出現的結果，使人類籠罩在深厚的敵意中，彷彿隨時可能遭受其他人掠奪。城市漫遊者刻意追尋這種無名性，因為他可以「隱身其中」。他讓自己融入機械化大眾中，但那是主動選擇的行動，他的目的是把自己掩藏在群眾裡。於是，無名性不是一種令他感到壓迫的限制，而是一個獲得快樂的時機：從他內在的矜持中，他感覺自己更是自己了。一片沉悶、厚重的孤寂蔓延在群眾間，他處身其中，挖掘出屬於觀察家、詩人的孤寂——沒有人看到他正在看的東西！城市漫遊者彷彿人海中的一處幽谷，他處於一種錯置狀態，而那是一種決定性的錯置，並沒有把他排除在無名大眾之外，或者使他與其疏遠，而是讓他抽身出來，為「自己」造就獨特性。

顛覆速度。人群中每個人都行色匆匆又身不由己。漫遊者則沒有義務非得趕到這裡或那裡不可。因此他會在光線燦爛的角落停歇，特別留意某些臉孔，在交叉路口放慢腳步。但在抗拒庸碌繁忙的大眾速度之際，他的慢卻成了造就一種高超速度的必要條件：思慮的敏捷。因為滑翔在大眾中的他能夠有效擄獲影像。匆忙的路人身體快速移動，心思卻遲緩愚鈍。他一心一意趕路，心神卻在空轉，只會計較眼前的時間間隙。漫遊者把身體放慢，但他的眼睛四處飛翔，他的心靈同時捕捉千種事物。

顛覆匆忙庸碌。漫遊者絕對抗拒充斥周遭的生產主義、縈繞身邊的功利思想。他的存在全然無用，他的閒逸迫使他置身邊緣。然而，他從不會讓自己完全處在被動狀態。他乍看無所事事，但目光卻四處搜尋；他忙著觀察，心思永遠警醒。他也不斷創造，在行進間捕捉各種交會和衝激，攫取無盡詩意影像。倘若沒有漫遊者的存在，每個人都將只顧著走自己的路，製造一系列只屬於他的現象，而沒有人能為交叉路口發生的事提供佐證。只有漫遊者能看到那些火花，感受那些摩擦與交會。

顛覆消費。置身於群眾中彷彿是在體驗何謂「成為商品」。在群眾包夾、牽引下，人被化約為商品，供奉給無名人潮的湧動。縱身一躍，把自己交付給交通流動。在群眾中，人會不斷感覺自己被消費：人來人往推擠著他的身體消耗他，各種運輸活動把他吸進去消費他。他被大街小巷消耗，招牌和櫥窗的存在無不是為了增強人群移動和商品交換。漫遊者則既不消費也不被消費。他彷彿是翱翔乃至飛行在城市中。不若步行於平原或山巒中的走路者隨時接收到四周變換不斷的景物作為他體力付出的回報，城市漫遊者是在飛翔之際捕捉無以預期的邂逅、稍縱即逝的吉光片羽、若有似無的巧合。他不消費，但他不斷獵取世間百態，在那些難以言喻的相遇時刻中，讓隨手捕獲的影像如濛濛細雨般灑落在他身上。

然而，城市漫遊者這種富於詩意的創造力卻充滿曖昧：如同班雅明所言，它是一種「幻覺效應」。它超越城市的殘酷，致力攫取美妙的浮光掠影，探索衝撞中激發的詩情，但不會停下腳步譴責勞動造成的異化與群眾間產生的疏離。漫遊者有更有趣的事可做：重新為城市賦予神話色彩，創造新的神祇，探索都會劇碼的詩意拓樸。

波特萊爾式的漫遊無疑留芳後世。我們可以看到超現實主義式的流浪透過兩個新的面向——偶然與夜晚——讓漫遊的藝術更形豐富，例如亞拉貢[2]在《巴黎農夫》（*Le Paysan de Paris*）中寫下在布特說蒙公園[3]的漫遊，以及布勒東[4]在《娜嘉》（*Nadja*）中訴說對愛情的迷幻追求等。我們也看到基・德波爾[5]嘗試以情境主義觀點將漂泊行為加以理論化，亦即透過感官探索各種差異（或說任由自己被周遭情境轉化）。在目前的城市環境中，隨著招牌統一化的趨勢（一如「連鎖店」的招牌彷彿一個個完全相同的環節緊緊扣住現代人的生活）以及汽車對都市空間的侵略占領，我們不禁思考城市漫遊是否難免困難度高了些，而樂趣、驚奇少了些。現代城市確實開創出許多新型漫遊空間，但人可說是被迫通過其中，四周一切都在叮囑著他們要消費。[6]

浪漫主義型的偉大走路者，那永遠的「浪遊者」（Wanderer），與至高無上的存在交感溝通，對他而言，走路是一個偉大的神祕結合儀式，他讓自己

---

2 亞拉貢（Louis Aragon，1897-1982），法國詩人、小說家、記者，超現實主義與巴黎達達主義奠基人之一，並以二戰期間積極從事地下反抗活動、畢生支持共產主義聞名。

3 布特說蒙（Buttes-Chaumont）公園位於巴黎市區東北部十九區的山坡地，是市區最大綠帶之一，原為採石場，於拿破崙三世時代進行的大規模都市更新中修建為公園，一八六七年完工啟用。

4 布勒東（André Breton，1896-1966），法國超現實主義詩人、作家、理論家，可說是超現實運動的領頭者，透過數篇《超現實主義宣言》等論述及批判，為二十世紀法國文學及造型藝術帶來深遠影響。

5 德波爾（Guy Debord，1931-1994），法國作家、詩人、電影人、左派革命分子，著名的「奇觀社會」（société du spectacle）概念即為他於一九六七年所創。

6 具體而言，地下街及各種與交通動線連結的商業廊道均屬此種強迫性漫遊空間。

浸淫在存在感中，依偎在母親般的大自然純粹懷抱裡。盧梭、華茲華斯[7]等人的書寫讓我們看到走路被推崇、頌讚為一種對奧妙存在與神祕交融的見證。無論華茲華斯節律均衡的詩句或盧梭充滿音樂性的散文，都流露著這種深沉的呼吸和婉約的韻律。

城市漫遊者並沒有企圖讓自己達到這種存在的圓滿狀態，他只是向繽紛多彩的視覺衝擊敞開自己。走路者成就自我的方式是走進與天地交融的深淵中，漫遊者則是讓自己飛舞在無數城市影像爆發而成的漫天光點間。

7 華茲華斯（William Wordsworth，1770-1850），英國浪漫主義詩人，與雪萊（Percy Bysshe Shelley）、拜倫（George Gordon Byron）齊名。。

Gravité

重力

我一直忘了提那些為時短暫、但有如恩賜般的時刻，它們會忽然降臨，有時原因甚至可能只是巨大的疲倦感。

在那些狂喜的片刻，處於走路狀態中的身體彷彿毫無意識地往前移動，幾乎像是一片落葉讓風吹起。特別是當我們走了很長時間以後，當疲憊襲捲而來，我們驟然不再有感覺。於是，只要路徑大致清楚可辨，而且坡度不會太陡峭，我們就不再注視地面，不再思考任何事，雙腳取代了意識，自行避開障礙、選擇最佳支撐點。我們整個人蕩漾在捨離一切的心境中，走到後來，彷彿進入某種夢幻，於是步伐益發自信飽滿、速度逐漸加快。只要我們能夠進入不再思考的狀態。於是，那連輕盈都算不上，因為我們已經不再有感覺：雙腿被道路吸附，心靈飄浮其上。

換個方式，當我們跑步一段時間以後，有時也會有一股強烈的飄飄然之感，彷彿身體被跑步的動能帶引著前進。經過一段（有時相當長）的「熱腿運動」時間，雙腿運作達到高峰，整個身體與自己的呼吸律動完全吻合，雙腳藉由道路感受到再次躍起的呼喚。像是規律且不斷重複的起飛降落。儘管如此，透過跑步所體驗到的輕盈，終究與前面提到那種走路偶而會帶來的飄浮感全然不同。後者不若跑步時那種酣醉感受，不會讓人意識到肌肉的完美張力，而比較像是疲乏所引發的心靈脫逸，一種逐漸麻醉的經驗。跑步的輕盈感源自一種不必費力就戰勝重量的感覺，宛如身體簡單明瞭地做出的主權宣示。而走路之所以產生飄浮感，卻是因為雙腳終於與道路難分難捨、乃至合而為一，心靈則在倦怠狀態中忘了要呼應腳步的疲憊。

話雖如此，在絕大多數情況下，走路的經驗脫不出某種重力拉扯的感覺。我不是特別指身體的沉重、笨重。就算……就算有時候，當宿泊點還在數小時腳程外，山徑卻執拗地往上攀升，這時身體的重量感的確會在每個步伐間益發明顯，彷彿一塊大鐵砧無情地壓迫膝蓋。但我更想表達身體是用什麼方式度過那些行走於大自然中的漫長時日。踏出的每一步中都有一股牽引的力量，讓腳不斷往下掉落；每個瞬間，卻又有某種支撐力在運作，腳嵌進大地，藉以重新抬起。彷彿為了重新出發，每次都必須往下紮根。腳就是這樣反覆與地面緊緊相扣，根植入大地。每走一步，又多了一份牽繫。抬腳、踏地，無窮無盡的單調韻律——唯有這樣，人才能真正成為大地的子女。

我想到抽象意義上的定居者。那些終日待在辦公室，雙眼緊盯螢幕、雙手敲擊鍵盤的人。指尖在鍵盤上飛速彈跳：大家說，這樣就「上線」、「連網」了。連到什麼網？連上瞬息萬變的資訊、不斷流動的影像與數字，連上數不清的表格、統計圖。結束一天工作，地鐵、火車，依然是速度，這時目光鎖定在手機螢幕，手指滑過鍵盤，一個個訊息及影像隨之在眼前捲動。我們還沒有看到白天，但夜晚已經降臨。接著又是另一個螢幕：電視。沒有塵土飛揚，沒有接觸大地，那些人存在於什麼象限，生活在哪個沒有高低起伏的空間、哪種風雨陽光都不具意義的天氣中？那種與泥土與道路失聯的生活讓人忘了人類的本來處境：季節遞嬗、時光耗損，這些似乎都不存在了。

在道家觀點中，踩在大地的雙腳所占空間極少，而人是憑藉雙腳沒有占據的空間才能走路。這個道理也意味著我們難以固定在原地不動。且看看一個人站在某處等待的怪異模樣：他會在原地踱腳、挪步，很快就覺得雙腿發麻；他不知道手臂該往哪兒擱，忽而在身邊擺盪，忽而抱在胸前。整個人處在一種不穩定平衡中。一旦他開始走路，穩定性卻自然出現：身體的本性開展、實現了，存在的機制順利運作了，人又找回了韻律，雙腳找到良好平衡。

莊子也認為，雖然人的腳只是很小的空間塊，但它有一項天職：藉由走路標示整個世界空間。腳部的大小、雙腿的跨度都微不足道，也從不固定收存在任何地方，但它們卻足以量度世間一切。雙腳構成尺規，它本身不占據任何位置，只是用來衡量世界的規模。雙腿行走於大地的跨徑就是最好的度量單位。

人之所以能走路，憑藉的是他還沒走的路：我這樣說，是在臨摹道家的虛空概念。這種虛空並不是虛無的空，而是一種純粹的虛擬性，一種創造靈感及「游隙」的空；如同文字、語音間的空隙，那是人類話語得以環環相扣、鮮活靈動的原因。透過這樣的方式，走路結構化了空間的深度，為風景賦予鮮活生命。

最後要提的是，在許多活動、運動中，喜悅之情源自逾越重力、戰勝重力的感受，無論那是透過競速、攀爬、衝力等，各種克服垂直效應的方式。反之，走路是在每一步中體驗重量、感受大地亙古不變的磁吸力。從跑步到休息之間的過渡充滿暴力，我們用手撐住腰身，很快就大汗淋漓、臉頰灼熱。我們因為身體撐不住而停了下來，但呼吸無法跟上。走路則相反，停下腳步是一種自然而然的完成，我們停下來是為了擁抱另一個視野，呼吸一片新的風景，然後我們重新跨出步伐，這一切中沒有任何斷裂。走路和停歇之間有一種連續性，因為這時我們不是在逾越重力，而是在成就重力。

走路就這樣不斷向我們提醒人類的有限：身體在粗糙的生理需要壓迫下沉重地嵌在堅定不移的地面。走路不是一躍而起，不是突破重力，不會藉由加速或攀升而帶來假象。走路反而是藉由誠實面對大地的堅實、身體的脆弱，透過不斷緊扣土地的緩慢運動，讓重力圓滿完成。

說起來，走路算是一種認命，接受自己只是那個往前傾著走路的軀體。但令人驚奇的是，這種慢慢認命的心境、這種遼闊無邊的疲乏之感，卻為我們帶來難以言喻的生存喜悅。只是那個軀體，但卻內外和諧。沉甸甸的身體在每一步間落回地面，彷彿為了在泥土中生根。

走路邀請我們站立著迎接死亡。

Élémentaire

根本

當我們決定出發走路好幾天、甚至超過一個星期，打理背包時必然有個問題不斷浮現：這東西真的需要帶嗎？這個問題顯然跟重量有關。雖然我們可以從走路離析出各種幸福安適的因素，但要是背負的重量太重，走路也可能成為一場噩夢。於是我們再問一次：這東西真的需要帶嗎？因為我們不得不一切從簡。面對各式各樣的藥品、個人保養品、衣物、食物、睡眠用品……篩選決斷成為縈繞不去的執念：多餘的、無用的，都不能帶。只帶走路時真正需要的生存必需品。走路時我們需要什麼？保護我們免受飢寒之苦的東西。為了在度假時消磨時間而帶的種種玩意兒在此一概多餘無用。

梭羅曾寫道：「一旦我們開始打發時

間，我們就傷害了永恆。」走路不是為了打發時間，而是為了擁抱時間，在步伐行進中細細翻動分分秒秒，撫摸光陰的片片花瓣。所有供人消磨時間、解悶逗樂、娛樂身心、工作上班、填滿日子、製造表象的物品，無疑都太沉重了。當我們篩選什麼可以裝進背包、什麼該留在家裡時，表面效益不再是考慮因素，舒適、時尚都要排除，社交考量毫無意義。我們唯一在意的是重量與效率之間的嚴謹關係。走路時，我們只需要絕對必需品。走路是刮掉社會假漆，活出無垢生命，走路的人卸去世俗負擔，擺脫社交網路，清除無用事物，褪下虛偽面具。

必要是比有用再往下精簡一級。有用的東西可以強化行動力量，增加效果的產出，提高能力表現。無用、多餘的東西則是所有妥協於他人評價及自我虛榮心的事物。

在有用的下一層，我們來到必要[1]。必要就是：無法取代、不可或缺、不

1 在此「必要」和「根本」的界定方式與先前探討犬儒主義時所定義的概念有所差異。對犬儒主義者而言，重點在於讓這兩個概念各自運作，特別是藉以展示各個概念如何顛覆古典的二元對立（表象VS.本質，有用VS.徒然）。在本章節中，「根本」的意義則是超越「必要」和「有用」。

能更換。必要的東西少了一樣，立刻就得付出受困、停頓、苦難的代價。堅固耐穿的鞋子、防寒遮雨的裝備、換穿的衣物、糧食、醫藥用品、地圖……至於有用的東西，我們總是能在大自然中找到：樹枝可以代替拐杖、棍棒，青草可以取代枕頭、毛巾。

最底下的一個層次是根本。這幾乎是一種顛覆。記得有一次，在法國中南部賽凡山區一處山麓，距離山頂還有六、七小時路程。時值天氣美好的季節，夜晚還算溫暖。我當下做出一個決定：把背包擱在一棵大樹的窟窿中。於是，肩膀上、口袋裡，空無一物。就這樣一無所有地度過兩天。那時的第一個感覺是一身無比輕盈，連必要都已經全部卸除。精簡到超過最低限度。一無所有。自此，天空與我、大地與我之間沒有任何阻礙。清水就在小溪裡，用手心舀起即可解渴；餓了，摘取路邊的覆盆子和越桔就能充饑；柔軟的土地則是夜裡最好的床鋪。

於是，根本帶來一種存在感的圓滿。必要與有用還有其區別，根本則不具這種對立性：對一無所有的人而言，根本就是一切。根本是最古老的原初層次，人類幾乎已經無法再感受它的質地與厚度，因為它只會把它的純粹展現給那個在片刻中卸除一切必要物品的人。在走路的少許時刻，人終於可以感覺到它。為了趨近它，必須毅然做出猛烈、危險、極端的轉換。

在此，我們還得界定確定感和信心之間的區別。當我們知道自己擁有可以為我們解決問題——防護風雨侵襲、找出正確路徑、面對水源缺乏、忍受夜晚寒冷——的必需物品，我們會有一種確定感。我們覺得自己可以仰賴身上的裝備、過去的經驗、未雨綢繆的能力。這是「技術人種」的確定感，他知道自己掌有充分技術，可以有效應付各種狀況。他思慮周延、負責而盡職。

走路時連必要品都不帶，全然縱身於自然元素中。到了這個境界，任何事都不再重要，毋須計算思量，也不再有確定感。但人在這時卻信心飽滿，完全相信世界的慷慨寬宏。石頭、天空、泥土、樹木——一切都成了我們的支持、禮讚，取之不盡的資源。縱身其間，我們獲得了前所未感的信心，它圓滿了我們的內心，正因為它讓我們絕對仰賴天地間那個祂，把我們剝光到只剩下生存的本能。所謂根本，就是我們全然縱身其中、同時又可以完全享有的事物。但若要感受這種厚度，我們必須冒險：冒險凌駕到必要性之外。

Mystique et politique
宗教奧義與政治 ╳ 甘地
Gandhi

「我們不會轉身而退。」

——甘地，一九三〇年三月十日

一九二〇年十二月，甘地宣布：如果所有人追隨他為求掙脫英國統治而規劃的道路，印度將可望於次年獨立。他規劃的道路包括：採取不合作策略，讓它逐漸擴展到所有產業；按部就班地實現公民不服從；努力打造自給自足的經濟體系；更重要的是，拒絕以暴力回應他所帶領的獨立運動必然會引發的鎮壓行動。甘地做出上述預言後便奔走於印度全境，積極提倡傳統棉織，舉行「篝火」活動燒毀進口布料。

但英國統治者態度強悍，結果聖雄甘地的大膽宣言造成的立即效應是引發大規模逮捕行動。然而公民不服從運動確實已經開展，各地民眾紛紛跟從他的指示：派出罷工糾察到酒品銷售店前站崗，拒絕購買進口布料，不理會法院傳喚通知。但最後暴力事件還是爆發了，一場抗議行動導致軍警介入，造成一名示威者死亡，憤怒的農民於是放火焚燒一座營房，二十多名駐守營房的警員被活活燒死。甘地採取的反應與一九一九年阿姆立察慘案[1]發生後相同：他再度停止不服從運動，並決定絕食——這是他一生中多次採取的行動，一方面獨自承擔對死難者的責任，一方面促使暴力者感到自責。

十年之後（那十年間他坐過牢，再次奔走全國為賤民階級權益發聲，積極主張女權，致力於普及各地基本的衛生措施），甘地於一九三〇年一月決定重新挑戰大英帝國，推行一場新的不合作運動。

不過，這次他不知道該如何具體進行，如何開始，如何用有效的宣傳方式提倡和平的全民不服從行動。一月十八日，偉大詩人泰戈爾（Rabindranath

1 阿姆立察（Amritsar）位於印度西北部旁遮普邦，是錫克教最神聖的城市。當時，旁遮普是印度獨立運動大本營之一，令英國統治者提心吊膽。一九一九年四月上旬兩名獨立運動人士被捕，導致人心激憤，暴力四起，英方遂在四月十三日趁光明節（錫克教主要節日）舉行、大批民眾集會慶祝之際派兵向人群開槍掃射，造成上千人死傷。

Tagore）拜訪他時，他坦言道：「我在環伺我周邊的黑暗中看不見任何光明。」

不久後，他心中那個「小聲音」（這是甘地自己的稱法）終於向他說話了：你要走路，你要一直走到海邊，到那裡採鹽。

甘地決定採取新的「固守真理」[2]行動，進行一場「食鹽長征」。他的直覺想法有兩個：一是抨擊食鹽稅，作為徹底抗爭的切入點；二是舉辦大型走路行動，以戲劇化方式呈現上述議題。當時英方壟斷食鹽採集，民眾無權買賣食鹽，甚至不能採鹽自用。如果民眾居住地附近有天然食鹽，官方甚至會不惜將其銷毀，避免民眾自行取用。鹽是海洋的餽贈，卑微但必要的食品。不合公理正義的食鹽稅自然是非常敏感的問題，只要提起這個詞，就等於在批判這個不講理的現象。第二步行動是組織和平走路活動，他與民眾從他設在印度西北部大城亞美達巴德附近薩博瑪提（Sabarmati）的修習所[3]出發，穿越古吉拉特邦，走到西海岸的丹地（Dandi）鹽田。

甘地很早就已經懂得走路的心靈及政治價值。青年時代留學倫敦時，他經常每天走七到十五公里路去上法律課或找素食餐廳用餐。這樣走路讓他能夠確實做到他離開印度前答應母親的三件事（忌喝酒、忌吃肉、忌女色），體會遵守這些承諾的困難度，以及履行諾言的快樂。甘地一直非常重視他對自己和別人所做的承諾，只要他嚴肅保證過不做某件事，他一定以最大的決心堅持到底。一旦做出承諾，他絕不食言。他一直努力學習自我克制，培養紀律精神。走路讓人擁有這種充滿決斷的自我關係，那不會是空泛的自省（做這件事的最佳姿勢不是走路，而是躺在貴妃椅上），而是細緻的審視。走路的人會進行自我審核，評估、質疑、改正自己。後來，甘地前往南非擔任律師，他在那裡繼續走路，例如他經常從托爾斯泰農場走路前往三十四公里外的約翰尼斯堡。

但他在納塔爾（Natal）領導抗爭時，又實驗了走路的另一個層面。當時旅居南非的印度人深受不平等措施及稅制弊端所苦，甘地致力為他們聲張權利。一九一三年，他主導的抗爭行動不是在公共場所集會示威，而是一系列

2 這裡的「固守真理」譯自梵文的*satyagraha*一字，指甘地以堅定毅力及反對暴力為前提而組織的集體抗爭行動。

3 修習所（ashram）是指甘地依據符合他思維的原則和規定而組成的社團結構，他在其中工作並培養門徒。

為期數天的走路抗議。甘地決定組織從納塔爾省到川斯瓦（Transvaal）省的跨省長征，但參與者都沒有按規定申請通行證，藉此讓這場大規模、高能見度的集體和平不服從行動更具表現張力。一九一三年十月十三日，甘地帶領一大群民眾走路出發，總人數超過兩千人，所有人都赤腳步行，食物只有少許麵包和砂糖。這場走路長征為時一星期。不久後，甘地遭到逮捕，五萬名印度人旋即宣布罷工。施穆茲[4]將軍不得不展開協商，與甘地簽署一系列改善印度裔權益的協議。

一九三〇年二月，六十歲的甘地擬訂食鹽長征計畫，那是一個充滿戲劇性的計畫，一部集體完成的浩瀚史詩。甘地挑選出七十八位他在修習所中親自培育的忠貞弟子作為身邊的核心幹部，其中年紀最輕的只有十六歲。他非常信賴這些人的內在紀律和犧牲精神。三月十一日，晚禱結束後，他在數以千計民眾面前演說，表示萬一他被逮捕，他們還是必須以安寧和平的方式繼續進行不服從運動。隔天早晨六點半，他手持長杖（一根包有鐵頭的竹棍）出發，身邊的跟隨者都跟他一樣身披一塊手織棉布。這時的長征人數不到八十人，但沿途不斷有人加入；四十四天後，高達數千人的隊伍浩浩蕩蕩地抵達海岸。

長征隊伍每天按表操課：早上六點起床，祈禱、靜思、唱歌；梳洗用餐後，隊伍出發上路。他們經過村莊時，村民無不歡欣雀躍，他們會在路上灑水並鋪上樹葉及花朵，讓行進隊員的雙腳獲得紓解。甘地總會停下來發表心平氣和的演說，籲請民眾停止與大英帝國之間所有形式的合作，不要再購買進口品；如果他們是為帝國服務的地方首長或民意代表，甘地則誠懇呼籲他們辭職。最重要的是，不要回應任何挑釁，準備好接受必將發生的壓制，遭到逮捕時不要反抗。甘地的行動大舉成功。

外國媒體特派記者日復一日跟隨長征隊伍，將現場實況向世界各地報導。印度總督找不到有效的對抗方式。甘地每天按固定規律行事，早晨祈禱，白天走路，傍晚織棉布，夜間為他的報紙撰文。四月五日，在走了一個半月之後，他終於抵達印度洋畔的丹地，與弟子們一起守夜祈禱。隔天早上八點，他走向大海，下水游泳，隨後回到沙灘上，在齊聚該處的數千民眾面

4 施穆茲（Jan Christiaan Smuts，1870-1950），南非政治家、律師及軍事將領，曾任總理。

前以莊嚴肅穆的態度做出法律禁止的動作——他慢慢俯身拾起一把鹽，同時詩人莎洛吉妮．奈都[5]高喊：「解放者好！」

這場聲勢浩大的步行長征在其概念及實施方式上讓我們看到數個不同的心靈面向，都跟甘地的思想有關。

首先是慢慢走路、拒絕速度。聖雄甘地藉此表達他對工業機器、盲目生產、快速消費的質疑。在一篇一九〇九年十一月發表的著作《自治》（*Hind Swaraj*，寫於他從倫敦返回南非時搭的船上）中，他毫不掩飾地抨擊現代文明。除了主張非暴力抗爭，這本書也極力捍衛傳統、歌頌緩慢。對甘地而言，真正的對比不是東、西方的不同，而是追求速度、機器、勢力累積的文明與強調傳承、祈禱、手工生產的文明之間的差異。然而，這並不代表傳統一定食古不化、征服者必然積極進取，而是指世界上有兩種不同動力在運作：一是亙古不變的動力，二是急於改變的動力。對甘地而言，這不是墨守成規與大膽冒險之間的選擇，而是和平的力量與無盡的紛擾、低調的清明與刺眼的光彩之間的選擇。

甘地喜歡把這種平靜的能量比喻成母親、女性。千百年來，在傳統型社會中，緩慢走路一直是女性生活的特徵：她們慢慢走到遠處的水源汲水，沿著路邊採摘植物和藥草。男性則比較習慣類似狩獵那種比較粗暴的力量展現：突發攻擊、短跑衝刺。

透過走路，甘地讚美了持久的耐力所蘊含的緩慢能量。走路時，我們遠離炫目的行動、耀眼的功勳。甘地欣賞謙卑，而走路就是在謙卑中完成；走路讓我們清楚看到人類既沉重又虛弱的本質。走路是窮者的處境，但謙卑與貧窮並沒有直接關係。謙卑是安靜地承認我們的侷限——我們的知識和能力都是有限的。就絕對真理的角度而言，我們所知的事物不值一提，而就絕對力量的角度而言，我們所能的一切微不足道。這樣的認知為我們賦予真正的位置，讓我們有了明確座標。走路時，遠離一切機器、設備、中介，我重新扮演人類的塵世角色，我再次體現這角色原本的、根本的貧乏。這就是為什麼謙卑不是一種屈辱：謙卑從不會讓人丟臉，而是讓人脫

5 莎洛吉妮・奈都（Sarojini Naidu, 1879-1949），印度詩人、獨立運動人士，一稱奈都夫人、印度的南丁格爾，曾任國大黨主席及邦總督。

離虛榮、自負，讓我們趨近本來面貌。因此，走路的姿態自然帶著風骨與傲氣：我們是站立著的。謙卑在甘地眼中是人性尊嚴的展現。

走路還帶有一種簡化的特質，這是甘地終其一生透過「不持有／不執著」（*aparigraha*）的道路不斷尋找的東西。從完美的英國紳士到邱吉爾的揶揄之詞「半裸的法其爾[6]」，甘地試著在生命的所有層次上追求「無所有」的境界：衣服、房屋、食物、交通工具，他都願意拋下。旅居倫敦時期，他總是身穿禮服式大衣、雙排扣背心、條紋長褲，手持銀頭杖；而後他逐漸簡化自己的外表打扮，到人生晚期他只穿戴一條手工織造的白色纏腰布。在南非時，他搬出位於約翰尼斯堡的舒適公寓，前往群體農場生活，主動參與家務打理。後來，他長期以搭三等艙旅行為傲，最後幾年他的餐食內容只有新鮮水果及核果。這種生活的全面簡化，使他可以更快速、更直接、更確實地觸及事物的本質。走路是簡單的完美體現。一腳移到另一腳前面，這是人靠雙腿前進的唯一方式。除此之外，這種簡單還帶有政治意涵。甘地曾表示，一個人如果生活排場超過實際需要，就等於是在剝削周圍的人。

這裡著重的，確實是設法卸除一切可能造成阻塞、累贅、屏障的無用事物。走路帶有自治的理想。我們知道甘地一生積極提倡印度民間工藝、在地生產。他讓傳統紡車重新獲得重視，並要求自己每天履行以手工織棉布的義務。靠自己的雙手工作，就等於是拒絕剝削其他人。走路這個簡單的動作足以完成「自足」（*swadeshi*）這一概念的雙重理想。甘地經常用這個字呼籲印度同胞抵制英國布料、酒精飲料，以及所有工業生產品。這個字除了自給自足的意涵外，也帶有「近處」的意味。走路時，我們直接接觸到百姓的日常生活——我們經過他們耕種的田地、他們居住的房舍，我們會停下腳步互相交談。走路是促進理解與交誼的理想速度。此外，走路時，我們只靠自己的力量前進。只要我們四肢健全，意志就可以全面主導，無需借助任何其他外力便能敦促我們前進。不需要任何機械、燃料。走路甚至具有滋養身體的功能。甘地在一九三〇年那次長征中親身體驗到這點：在步行將近四百公里之後，他看起來神采奕奕，比出發時更顯容光煥發。

6 法其爾（fakir）是印度教或伊斯蘭教中的托缽僧，被視為具有神聖性。

透過走路，甘地還歌詠了堅定、耐力等特質——努力前進，堅持到底。這點非常重要，因為走路雖然是一種柔和的動作，但需要連續性的體能付出。為了說明他理想中的抗爭形式，甘地在一場於南非舉行的政治集會上推出一個新字「*satyagraha*」（固守真理），藉以提倡他的行動風格。這個梵文字同時具有力量與真理的意涵，象徵一個人如同緊緊攀住磐石般堅持真理。

走路需要決心——堅定不移的意志。在長年抗爭期間，甘地透過這樣的理念，在他於各地興辦的修習所中培養、激勵眾多門生。「固守真理」這個概念強調的首要德行是內在的克制。人要隨時準備好受人打擊而不還手，被無理逮捕而不反抗，忍耐羞辱、咒罵而不回嘴。這是一種雙重的自制力，代表人可以同時克制暴戾及軟弱的傾向。人必須保持平靜、祥和，穩如泰山，對自己的信心如同對真理一樣堅實。當「固守真理」的走行者抵達海濱，他們原有的憤慨之情已經除去所有仇恨與氣憤，只剩下一股平靜的決心，要以和平的力量違抗不公不義的法律；不服從甚至成為一種責任，所有人帶著與祈禱時一樣的堅定和安詳，致力履行這項義務。

這種完美的自我克制是達成完美大愛及非暴力（*ahimsa*[7]）的先決條件。

在此，我們觸及了甘地教義的核心。在甘地的思想中，非暴力不是被動的拒絕、逆來順受，也不是懦弱的屈服。非暴力概念一以蔽之地涵蓋了尊嚴、自制、堅定、謙卑、力量等質地。它不是單純的拒絕外力，而是以心靈的力量作為對抗實體力量的唯一武器。甘地真正要說的不是：即使拳頭如雨般落下、暴行無以復加，也不要做任何反抗。他要說的其實是：用你全部的靈魂反抗，盡可能持久地挺直身軀，在尊嚴上絕不讓步，同時不要表現任何攻擊性，不要向打你的人看齊，不要做出任何事使你和他都落入以暴制暴、冤冤相報的循環。相反地，你要對打你的人展現無比的悲憫。兩者之間必須維持一種不對稱關係：一邊是盲目的憤怒、仇恨、暴力，另一邊則是包容與愛的精神力量。如果我們能堅持信念，這種不對稱關係就會倒轉，採用暴力的人會逐漸失格，變成一頭凶猛的禽獸，而被打倒在地那個人則會散發人性的光輝，不但沒有受到屈辱，反而昇華到純粹人性的高度。

非暴力使暴力蒙羞。當我們堅持繼續打擊那個用純粹人性、單純的尊嚴

7 「ahimsa」的原意是「不害」，即不殺害、不傷害。

對抗身體暴力的人，我們必然失去榮譽和靈魂。

非暴力對抗以悲劇方式顯現在一九三〇年的達拉薩那（Dharasana）占領事件中。固守真理的走行者於五月間走路出發，以人民之名走路前往達拉薩那占領那裡的鹽場。甘地事先透過信函通知總督這場行動的時間及宗旨，並在信中強調只要食鹽稅廢除，該項行動就會取消。但後來甘地被逮捕，無法親自參與和平占領鹽場的行動。四百名警察手持粗大的鋼頭警棍，守候在鹽場中。占領人士不為所動，團結一致地慢慢走來。隊伍抵達警察防線時，他們立刻遭到無情的棍棒毆打，但他們沒有退卻，倒地之後，後面的同志繼續勇敢上前，又被毆擊倒地。占領人士甚至不願伸出手臂保護自己，因此完全暴露在攻擊中，任憑自己的肩膀、頭顱被打碎。面對這個情景，警察更加暴戾，開始試圖把倒地者打死。前來採訪的美聯社記者韋伯・米勒（Webb Miller）親眼目睹慘況；根據他的報導，占領人士「步履堅定，抬頭挺胸」，沉默而堅決地推進，而後一一倒下。一陣撼人的寂靜之後，只聽到警棍揮打、骨頭斷裂的聲音，以及偶爾幾聲低沉的呻吟。根據統計，這次事件的受傷人數高達數百人。

然而，一九三〇年那場運動的政治效益既沒有達到預期，也與占領行動的規模不成比例。甘地與印度總督艾文（Irwin）勛爵於一九三一年二月簽署的協定內容只包括幾個次要的讓步條款，而甘地於同年九月赴倫敦參加的會議也沒有帶來決定性的進展。一九三九年二次大戰爆發時，印度依然受到英國的高度奴役。一九四七年八月，獨立時刻終於到來，但代價是印度與巴基斯坦分裂，這對甘地而言無疑是最糟的解決方案，因為他一直希望印度的自由是在團結與博愛精神中達成。

甘地一生中從未停止走路，他曾表示他的過人健康是拜走路習慣之賜。他一直走路到生命的盡頭。在他人生最後幾年，他同時看到自己的夢想實現和崩潰：自由是在撕裂中獲得。殖民政府為了統治方便，原本就精心維持不同族群間的敵對關係，當英國於一九四〇年代末開始認真準備放棄印度殖民地時，這種敵對關係進一步升溫，並且很快演變成暴力事件，造成印度教徒、回教徒及錫克教徒相互屠殺。

一九四六年冬天，甘地重拾朝聖手杖，決定用雙腳走遍所有被仇恨撕裂的地區（比哈爾邦和孟加拉邦）。他走路前往一座座村莊與民眾交談，為所有人祈禱，設法恢復已被遺忘的同胞愛與團結心。從一九四六年十一月七日到一九四七年三月二日，他一步一腳印地走過數以十計的村莊。他選擇走路，因為只有這種匱乏者的行動方式才能讓人真正體會和平的意義。每天清晨四點，他起身閱讀、書寫，編織棉布，主持所有人都能參加的祈禱會，透過印度教及伊斯蘭教經文的朗讀，顯示兩者之間共通的和平理念，隨後他又重新上路。每天上午出發時，他會吟唱泰戈爾的撼人詩句：

獨自走路
倘若他們不回應你的籲求，請獨自走路
倘若他們害怕恐懼，轉身面壁

不祥的你啊
開啟你的心靈獨自說話
倘若他們轉身離去，留你孤獨越過荒漠

不祥的你啊
你要踏在滿路荊棘上
獨自走在血跡斑斑的道路

一九四七年八月間，印度宣布獨立，印度與巴基斯坦同時宣告分裂，兩個族群之間爆發前所未見的衝突。同年九月卻出現了「加爾各答奇蹟」：甘地的到來和他決定採取的絕食行動讓業已蔓延全城的仇恨之火迅速熄滅。

一九四八年一月三十日，甘地遭到一名印度教狂熱分子刺殺。

老人的身影深深烙印在世人腦海中。年近七十七的甘地一手拄著朝聖拐杖，另一手撐在小姪女的肩上，整天從一座村莊走到下一座村莊，從一處屠殺之地走到下一處屠殺之地。他的穿著有如賤民，他的堅定信念就是他的最大支持。走到哪裡，他就要告訴那裡的人，愛是何等光輝、仇恨如何荒謬，他就這樣透過緩慢、謙卑、無止境的走路所展現的和平力量，向世界上的暴力說不。

這個形象正是尼赫魯心目中對甘地的印象。這位奮鬥不懈的戰友、印度獨立後第一位首相回憶起甘地時，特別記得他在鹽場長征時的模樣：

關於這個神情總是笑意盈盈、雙眼卻像有著一湖無盡哀傷的人，我心中經常漾起許多畫面。但其中最清晰、意義最深重的印象是一九三〇年鹽場長征時，我看到他手持竹棍朝丹地走去的模樣。他是一位追尋真理的朝聖者，平靜、和平、意志堅決、無所畏懼。

——賈瓦哈拉爾・尼赫魯（Jawaharlal Nehru），《承諾實現》（*La Promesse tenue*）

Répétition
重覆

走路的動作沉悶、重複而單調，這是千真萬確的事。但正也因此，走路從來不會無聊。

先前提過，單調與無聊截然不同。無聊是缺乏計畫、沒有前景。一個人無所事事，在那裡空轉。空空等待，不是在等任何明確的事，而那空洞的等待過程只會帶來一陣茫然與虛無。無聊的身軀睡覺、起床、用雙臂揮動周遭空氣、一腿往前伸接著又換另一腿，忽而停下，又重新出發，再次奔忙。百般無聊的身軀拚死拚命地設法填滿每分每秒。無聊就像人在對膠著不動的狀態進行空虛的反抗。我找不到事做，我不找事做。一個人無聊時會對自己絕望。任何事只要是自己主動開始做的，都會馬上感到厭倦。只有外來刺激才能打破這個狀態。但一旦如此，又會強烈意識到自己的欲望是多麼貧乏，那是一股排山倒海而來、令人無法忍受的感覺。無聊就是這一秒鐘覺得不滿意，下一秒鐘再次覺得不滿意，無聊就是在每件事一開始就感到倒胃口：每次著手做什麼事，立刻感覺厭倦，只因為做這事的人是自己。

因此走路從不無聊。只是單調。走路時，我們朝某個地方而去，我們處在移動狀態，踏著均勻步伐前進。走路的動作具有極大的規律和韻律，因此不會引發無聊，因為無聊的來源是空轉（空虛的心靈在不動的身軀中原地打轉）。為此，從前的僧侶提出用散步治療「淡漠性憂鬱症」（*acedia*）[1]——一種陰狠啃噬靈魂的疾病——的想法。因此，我們有必要在整體上將走路——帶著目的性往前走——跟漫無目標的憂鬱漂泊加以區隔。

1 淡漠性憂鬱症與一般所說的憂鬱症不同，它是一種無精打采、怠惰而絕望的精神狀態，患者對自己的地位或處境毫不在乎，甚至可能失去履行生活中各種義務的能力。這種病症最初是在某些長久獨居的僧侶及隱修士身上被發現，他們變得對祈禱及懺悔無動於衷。

蒙田[2]曾經提到他的「散步道」。為了刺激思考，使思緒更加敏銳、創意更為豐富，心靈運作必須借助於身體的訓練：

> 假如我讓我的思想坐著，它就會打瞌睡。走路時，我的心思不會孤獨，彷彿雙腿在撩撥著它。
>
> ——蒙田，〈三種交情〉（Des trois commerces），出自《隨筆集》（*Essais*）第三卷

因此，當思緒受阻，繼續待在書桌前是划不來的事，應該起來走幾步路才對。為了讓自己靈動起來而走路，身體躍起，心靈受到衝激，思路隨之重新啟動。

這裡的關鍵機制就是啟動：走路讓整個身體和心靈動了起來。此外，由於走路帶有規律性，它會產生有韻律的擺盪，協助詩句成形：騷人墨客就此掌握節律的脈搏，進入音步的律動。我們可以舉出英國浪漫主義詩人華茲華斯的例子。有人問他妹妹[3]他是在哪裡寫詩，她會隨意指一下庭院，然後說：那裡就

是他的工作室。的確，華茲華斯的長篇抒情詩都是他邊走路邊創作出來的。他會喃喃自語地在庭院裡來回踱步，藉由身體的韻律找到詩句的節拍。

探討走路的歷史時，華茲華斯是不可能不提的人物，因為許多博學者將他視為健行活動的真正發明人。在他那個年代（十八世紀末期），走路還是窮人、流浪漢、盜匪的「專利」（當然還有江湖藝人、挑夫等），華茲華斯首開先河，讓走路成為詩意的行動、與大自然的結合、身體的喜樂、欣賞風景的美妙時光；克里斯多夫·摩里[4]寫到他時，說他是「最早開始讓雙腳服務哲學的人之一」。他走路遊歷法國，穿越阿爾卑斯山，前往英國探索湖區，並讓這些走路旅行的經驗成為源源不絕的創作素材。他的自傳性質大型詩作〈序曲〉（The Prelude）甚至是三種走路經驗交錯而成的結果——從童年時代到成年以後的走路，在法國及義大利的步行之旅，以及彷彿踏著規律節奏的

2 蒙田（Michel de Montaigne，1533-1592），法國文藝復興時代最重要的人文主義作家，其作品以結合生活軼事與個人的智慧洞見為特色，以《隨筆集》三卷留名後世。

3 桃樂西·華茲華斯（Dorothy Wordsworth，1771-1855），也是詩人。

4 克里斯多夫·摩里（Christopher Morley，1890-1957），美國詩人、作家及記者。

詩歌音韻：

於是悄悄潛身寂靜道路
從靜謐中暢飲新生滋味
如夢鄉般平靜卻更甜蜜
在我四周前後上下左右
一片祥和孤寂伴我走路

當時華茲華斯所遭遇的不解、甚至某種程度的敵意，可以讓我們意會到走路和漫步之間的差異。在城堡的大花園中漫步被建構成身分地位的表徵；在優美雅致的英式庭園、錯綜複雜的林間小徑、春光乍現的花圃樹叢、引人入勝的交叉路口，淑女紳士擦肩而過，交換迷人眼神。那是一種輕鬆的走路，在步道上來來回回，忽而停腳歇息，這裡對談風雅、妙語如珠，那邊閒話貫耳、八卦紛飛。散步是施展誘惑藝術的絕佳手段，跟老百姓辛苦走路宛如天南地北。農工走路到田間出賣勞力，遊民帶著可憐家當和一身貧窮流落在偏僻小路。而在美麗花園的步道上，人們卻幾乎不必走路——他們是在翩翩起舞。

華茲華斯像窮人般走在路上，那並非出自必要，而是為了樂趣。他把走路的經驗稱為「財富」，令當時的人跌破眼鏡。除了這個驚人的文化發明（健行，欣賞自然風景），他的詩作本身就無盡乘載著走路的韻律：規律、單調、沒有奇光異彩。這種韻律宛如波浪的聲音，我們隨著它輕輕擺盪，久久不覺厭膩。

只有另外一位同樣喜歡走路的文人在多年以後透過詩句表現出這種令人讚嘆的單調。他就是沛基[5]，而他的作品〈博斯平原〉（Présentation de la Beauce）特別具有這個特色。一九一二年，為了祈求上天保佑罹患傷寒的兒子康復，他走路到夏特爾（Chartres）聖母大教堂朝聖[6]，沿途譜寫出綿延不絕的詩句：

我們手插口袋向前邁步

5 夏勒・沛基（Charles Péguy，1873-1914），法國詩人、出版編輯，提倡社會主義及民族主義，原為無神論者，後來信仰天主教，這個轉變明顯反映在他的作品中。

6 夏特爾是巴黎西方素有「法國穀倉」之稱的博斯平原上唯一較具規模的城市。

沒有裝備累贅多餘話語
行腳不疾不徐一成不變
從悠悠平野到附近田園
你只看到我們卑微走路
一步一步從不追求速度

曠日廢時的漫長走路經常讓聖歌般以單弦鳴奏的簡單詩句躍然唇梢。就其本質而言，聖經詩篇經常都是屬於朝聖者、走路者的詩句：或詠嘆放逐的苦難、永遠異鄉人的悲哀（「倘若我忘了你，耶路撒冷……」），或如「上行之詩」[7]那般描述探尋的努力和對應許之地的期盼（「我抬眼望向山巒：救贖將從何處而來？」）。

聖詩在內容意義上不必特別花心思就可以了解，它主要是需要被朗誦、吟唱、賦予肉身。它必須透過身體詮釋出來，而如果它是由好幾個人吟誦，那就是通過群體的身體發揮感動力量。在今天的印度，當信徒走路前往潘達爾普爾（Pandharpur）朝聖，他們依然會吟唱杜加拉姆（Toukârâm）詩篇。杜加拉姆是個不識字的馬哈地[8]小商店老闆，一六九八年誕生在階層最低的首陀羅種性[9]（「我是卑賤的拓喀種性出身，從沒機會讀書」），他在山丘上遇到他的神，不久後便開始作詩，但由於他不會寫字，於是由聽他誦讀的弟子抄寫下來。後來，印度教信徒在朝聖路途上一直喜歡傳唱這位不會寫字的詩人所作的詩句：

主啊，願我是
小石頭、大石塊或沙塵
在潘達爾普爾的路上
讓聖徒的行腳踩過！

7 上行之詩（Song of Ascents）指的是指《詩篇》一二〇至一三四篇，是登梯階上聖殿時所唱之詩，也為猶太人一年三次朝聖守節、自四方前往耶路撒冷途中所唱之詩，故又稱為「朝聖詩」。
8 馬哈地（Marathi）是印度—亞利安族裔的分支之一，分布於印度西部沿海的孟買、果阿一帶至中部內陸地區。
9 首陀羅是印度種性制度的四個瓦爾那（*varna*，即「階級」）中地位最低者，是沒有人身自由的奴僕。其他三個瓦爾那階級由低往高分別是吠舍（農牧工商）、剎帝利（戰士、統治者）、婆羅門（祭司）。地位更低的「賤民」（不可碰觸者）不屬於以上階序，是種性之外的族群，地位最低。

走路很自然地讓重複性高、隨機創作、字句簡單的詩詞浮現在嘴邊，彷彿人走在路上自然發出的踏步聲。走路的特性也反映在所謂「交替合聲式」的聖詩吟唱中；一個唱詩班用同一音調唱出一段經文後，另一個唱詩班會唱另一段經文回應。這種合唱形式讓人可以在吟唱和聆聽之間交互轉換，尤其是它能產生一種重複和交替的效果，聖安波羅修[10]將之比喻為海洋的聲音：當海浪輕輕拍打岸邊，那規律的聲音不僅不會中斷，而且會「為寂靜帶來韻律，使它絲絲入耳」。因此聖安波羅修認為，透過反覆來回的交替回應，聖歌旋律可以為心靈帶來幸福的安寧。這些宛如海浪捲起又退去、彷彿空谷回音的詠唱，也與走路時雙腿的交替運動有異曲同工之妙。走路時的步伐交替構成一種連續性，「為世界的存在感帶來韻律，使它漫入我心」。克羅岱爾[11]曾說，聲音為寂靜賦予親近感及實用性，同理，我們也可以說走路讓存在感變得貼近心靈而具實際效用。

因而我們在走路中找到重複所具有的巨大力量，它來自不變本質的重複。這種重複性催生了聖詩，而聖詩其實就是信仰在身體的擺盪中以節律形式展現的面貌。這股源自重複的偉大力量還以另一種方式顯現：某種型態的祈禱。在此，我特別想到東正教信仰中所謂的「慕善心禱」（Philocalie du coeur）。這是一種很簡單的祈禱方式，只是單純地重複誦讀極為基本的禱詞：「主耶穌基督、上帝之子，憐憫我這罪人。」不斷重複唸這個只有一句的禱詞，隨著時間一分分、一刻刻過去，一整天生命化為一場持續的禱告。這種反覆不斷的吟誦練習可以在腦海中進行，並不時透過嚴謹的呼吸控制予以調節、加強，讓前半句（「主耶穌基督、上帝之子」）吻合吸氣、後半句（「憐憫我這罪人」）配合呼氣[12]。

　　這種反覆吟誦練習的目的是達到聚精會神的狀態（只做一件事：不斷重複同一個句子）。但這不是一種智識上的聚精會神，它不是一種精神張力，而是一種參與感：整個身體都在呼吸、默念，所有感官都在回應，所有心靈官能都在反射禱詞的神聖內涵，人的整個存在都參與了禱詞吟誦的活動。東正教神父把這種活動稱為「將精神帶回心中」。他們認為，人生在世所面臨

10 聖安波羅修（Saint Ambroise），四世紀米蘭主教，西方拉丁教會（羅馬公會）四大聖師之一。
11 保羅・克勞岱爾（Paul Claudel，1868-1955），法國詩人、劇作家、外交官。
12 這種呼吸方式也具有形而上的意義，吸氣代表所有官能統一協調的運作，呼氣則是一種舒緩弛放。

的一大危險是分心、失神、渙散，這些都是一個人忘記上帝的導因。不只有讓身體魯鈍的勞動，刺激想像的遊戲、變成無謂臆測的冥想也都可能使人忘記上帝。小小的心禱看似來來回回、反反覆覆，但如此卑微的禱詞卻足以讓人跨過所有異化因素，找回神父們所說的「內在王國」。心是內在統一的樞紐，因為它可以無限開展，它是存在感的能量泉源，既能抗拒肉體的誘惑，也可以防止精神偏離方向。藉由反覆誦讀這個簡單明瞭的語句，靈魂完全卸除思維豐富的假象，浸淫在不斷臨摹單一意涵的精神活動中。

集中、一致、全面精簡，剝除一切，只剩下一個小小的句子不斷迴盪：「主耶穌基督、上帝之子，憐憫我這罪人。」幾分鐘、幾個小時過去，人不再只是祈禱，而是化身成為祈禱。他不再只是喃喃自語持續召喚著耶穌的憐憫，唇部不斷蠕動、讓祈願短語充斥耳際，彷彿糾纏、堵塞著身心。隨著時間流逝，禱告者猛然進入一種聖靈時刻，感受到純粹的安寧、與上帝合而為一的「寂靜」（*hêsukhia*）。重複變成自發的本能，流暢而不費力，彷彿心臟跳動。僧侶在無止盡的喃喃禱告、無邊無際的呼吸律動中，找到全然的安詳自在。而人走路時，在步伐的單調重複中，某個時候也會忽然湧現一種絕對的平靜。不再思考任何事，不再受任何煩憂所擾，除了伴隨我們的規律運動，一切不再存在。或者說：我們已經完全溶進步履的安靜重複中。

教導心禱法的神父——例如人稱「西面二號」的西乃聖國瑞[13]——認為，最適合這種禱告的身體姿勢是坐立不動，讓下巴貼在胸口，連續數小時不斷重複同一禱詞。十九世紀間，一位以走路方式進行心禱的俄羅斯朝聖者寫了一部心禱故事，慕善心禱隨之逐漸流傳到西歐。這個故事描述一個忠厚老實的人希望完成聖保祿[14]告誡的事：「一直祈禱」，於是一名僧侶帶著他探索慕善心禱的奧祕。在數星期時間中，這個老實人閉關在一座庭院裡不斷誦讀禱詞，起初每天重複六千次，後來每天重複一萬兩千次。經過疲累、倦怠、沉悶交織的漫長時日，持續呼喚著耶穌基督的祈禱逐漸充盈在他體內，喜悅與安慰彷彿不會

13 聖西面（Symeon Metaphrastes）是十世紀拜占庭政治家及史學家，中世紀拜占庭地區最重要的聖徒傳作者。西乃人聖國瑞（Grégoire le Sinaïte）則為十三至十四世紀希臘東正教僧侶、阿索斯山靜修主義（hésychasme）創始人，因在西奈半島聖凱薩琳修道院剃髮為僧，並長期於該地修行而得「西乃人」之稱。「西乃」即「西奈」。

14 聖保祿（聖保羅）是公元一世紀基督教從原生地區往外擴張時最重要的傳教士之一，先後於小亞細亞及歐洲創建許多教會。

枯竭的清泉流遍全身。當禱告變得跟呼吸一樣自然，他重新上路，走一整天也不會有倦意。他用同樣的韻律走路、祈禱，不斷重複，從不疲累。

> 我現在是這麼走的，我一直向耶穌誠懇禱告，對我而言，他比世間一切更珍貴美好。有時，我一天走上七十多哩，但卻沒有感覺身體在前進；我只覺得自己在做禱告。當嚴寒襲來，我會更努力唸禱詞，於是我就感到溫暖。當我飢餓難耐，我會更頻繁地唸著耶穌基督的名，於是我就忘了飢餓。如果我感覺不適，背部或雙腿感到疼痛，我會更專心祈禱，然後痛苦就消失了……我變得有點奇怪。我不再為任何事勞碌憂愁，沒有任何外在事物會羈絆我，我想要一直處在這種孤獨狀態；習慣養成以後，我只剩下一個需求：一直誦讀禱詞。
>
> ——拉洛瓦（J. Laloy），《一位俄國朝聖者的故事》
> （*Récits d'un pèlerin russe*）

這種講求規律重覆的精神也是西藏信仰中不倦走行的奧祕所在，其中最神奇的例子就是神行師（*Lung-gom-pa*）。「神行」是經過長達數年的修行培養而成，修行的僧侶進行呼吸及肢體訓練，使身體變得無比靈活輕快。在練習呼吸的同時，他必須不斷誦讀神祕咒語，並學習如何與呼吸完美配合，最後他也學會讓自己的腳步完全契合這個韻律。圓滿結束修行以後，僧侶就成為神行師。這時，他在某些情況下可以飛速走過遙遠距離，而不感到一絲疲倦。不過這確實需要一些外在條件的配合：平坦的地形、杳無人煙的環境、迷濛的向晚時分、滿天星斗的夜色。在充滿神靈的遼闊空間中，沒有什麼能讓他分心，他的精神無比集中。走路的人聚精會神，不思考任何事，不左顧右盼，目光直視前方，邁開步伐，按規律節奏唸出咒語。很快地，他不斷重複的步伐、咒語，以及他充滿節律的呼吸，把他帶進一種迷幻的神靈附身狀態，於是他的跨距大幅增加，整個人彷彿在地面彈躍。

亞歷珊卓．大衛—尼爾[15]描述她在喜馬拉雅山區的長途步行之旅時，提

15 亞歷珊卓．大衛—尼爾（Alexandra David-Néel，1868-1969），法國探險家、作家、歌劇演唱者、藏學／東方學家，足跡遍及南亞、西藏、東亞，一九二四年匿名前往拉薩，成為首位進入獨立西藏禁城的歐洲女性。其一九二七年的著作*Voyage d'une Parisienne au Tibet*轟動當時，中譯版《拉薩之旅》於二〇〇〇年由台北馬可孛羅出版。

到她有一次在一片孤寂遼闊的高原上前進，忽然間她看到一個黑點從遠方高速移近。她很快就發現那是個走路極快的人。她的旅伴告訴她，那是一位神行者，而且絕對不要跟他說話或是打斷他的行進，因為他正處於神靈附身狀態，如果忽然被喚醒可能會死亡。於是一行人睜大雙眼，安靜不動地看著他飛快走過——他不是在跑，而是每一步都騰空而躍，宛如一塊輕盈的棉布讓高原的風恣意捲起。

T. de Quincey, *Les Derniers Jours d'Emmanuel Kant*, trad. M. Schwob, Paris, Allia, 2004.

〈城市漫遊者〉

L. Aragon, *Le Paysan de Paris*, Paris, Gallimard, 1972. W. Benjamin, *Charles Baudelaire*, trad. J. Lacoste, Paris, Payot, 2002.

W. Benjamin, *Paris capitale du XIXe siècle : Le livre des passages*, trad. J. Lacoste, Paris, Le cerf, 1997.

A. Breton, *Nadja*, Paris, Gallimard, 1973.

T. Paquot, *Des corps urbains : sensibilités entre béton et bitume*, Paris, Autrement, 2006.

G. Debord, « Théorie de la dérive », in *OEuvres*, Paris, Gallimard, 2006.

〈宗教奧義與政治〉

Gandhi, *Mes expériences de vérité*（Paris, P.U.F., 1982）, *Résistance non-violente*（Paris, Buchet-Chastel, 1986）.

G. Deleury, *Gandhi*, Paris, Pygmalion, 1997.

L. Fisher, *Vie du Mahatma Gandhi*, Paris, Calmann-Lévy, 1952.

R. Payne, *Gandhi*, trad. P. Rocheron, Paris, Le Seuil, 1972.

〈重複〉

A. David-Neel, *Mystiques et magiciens du Tibet*, Paris, Pocket, 2003.

C. Péguy, *Les Tapisseries*, Paris, Gallimard, 1957.

Petite Philocalie de la prière du coeur, trad. J. Gouillard, Paris, Le Seuil, 1979.

Récits d'un pèlerin russe, trad. J. Laloy, Paris, Baconnière/ Seuil, 1966.

Toukârâm, *Psaumes du pèlerin*, trad. G.-A. Deleury, Paris, Gallimard, 1973.

W. Wordsworth, *Le Prélude*, trad. L. Cazamian, Paris, Aubier, 1978.

〈重生與聖靈存在〉

Lama Anagarika Govinda, *Le Chemin des nuages blancs. Pèlerinages d'un moine bouddhiste au Tibet*, Paris, Albin Michel, 1969.

M. Benzi, *Les Derniers Adorateurs du peyotl*, Paris, Gallimard, 1972.

G. Roud, « Petit traité de la marche en plaine », in *Essai pour un paradis*, Lausanne, L'Âge d'Homme, 1983.

〈犬儒主義者的走法〉

Les Cyniques grecs. Fragments et témoignages, éd. L. Paquet, Paris, Le livre de poche, 1992.

Diogène Laërce, *Vies et doctrines des philosophes illustres*（particulièrement le livre VI）, dir. M.-O. Goulet-Cazé, Paris, La Pochothèque, 1999.

Épictète, *Entretiens*（particulièrement le III, 22）, trad. A. Jagu & J. Souilhé, Paris, Les Belles Lettres, 1943.

M. Foucault, *Le Courage de la vérité*, Paris, Gallimard-Le Seuil-Hautes Études, 2009.

M.-O. Goulet-Cazé, *L'Ascèse cynique. Un commentaire de Diogène Laërce*, Paris, Vrin, 2000.

Les traductions ont été modifiées.

〈憂鬱的漂泊〉

G. de Nerval, *Les Filles du feu* ; *Promenades et Souvenirs* ; *Aurélia*（Paris, Gallimard）.

C. Pichois & M. Brix, *Gérard de Nerval*, Paris, Fayard, 1995.

〈漫步〉

M. Proust, *Du côté de chez Swann*（Combray）, Paris, Gallimard, 1987.

K. G. Schelle, *L'Art de se promener*, trad. P. Deshusses, Paris, Rivages, 1996.

〈公園〉

M. Poëte, *Au jardin des Tuileries : l'art des jardins, la promenade publique*, Paris, A. Picard, 1924.

M. Poëte, *La Promenade à Paris au XVIIe siècle*, Paris, Armand Colin, 1913.

〈日常散步〉

L.E. Borowski, R.B. Jachmann, E.A. Wasianski, *Kant intime*, trad. J. Mistler, Grasset, 1985.

La Désobéissance civile, trad. G. Villeneuve, Paris, Mille et une nuits, 1999 : *De la Marche*, trad. T. Gillyboeuf, Paris, Mille et une nuits, 2003 ; *Le Paradis à (re) conquérir*, trad. T. Gillyboeuf, Paris, Mille et une nuits, 2005 ; *La Vie sans principe*, trad. T. Gillyboeuf, Paris, Mille et une nuits, 2004 ; *De l'esclavage, plaidoyer pour John Brown*, trad. T. Gillyboeuf, Paris, Mille et une nuits, 2006.

Les traductions ont été modifiées.

〈能量〉

Pieds nus sur la terre sacrée (textes rassemblés par T. C. McLuhan), trad. M. Barthélémy, Paris, Denoël, 1974.

H. D. Thoreau, *Balade d'hiver*, trad. T. Gillyboeuf, Paris, Mille et une nuits, 2007.

S. Tesson, *Éloge de l'énergie vagabonde*, Paris, Pocket, 2006.

〈朝聖〉

F.-.L. Alsina & P. Caucci von Saucken, *Pèlerinages : Compostelle, Jérusalem, Rome*, Paris, Desclée de Brower, 1999.

J. Biès, *Mont Athos*, Paris, Albin Michel, 1963.

J. Chélini & H. Branthomme, *Les Chemins de Dieu : Histoire des pèlerinages chrétiens des origines à nos jours*, Hachette, 1995.

J. Chélini & H. Branthomme (dir.), *Les Pèlerinages dans le monde à travers le temps et l'espace*, Paris, Hachette, 2004.

A. Dupront, *Du sacré : croisades et pèlerinages, images et langages*, Paris, Gallimard, 1987.

A. Dupront (dir.), *Saint-Jacques de Compostelle*, Paris, Brépols, 1985.

Le Guide du pèlerin de Saint-Jacques de Compostelle, trad. J. Vielliard, Paris, Vrin, 1997.

H. Engelman, *Pèlerinage*, Paris, Fayard, 1959.

A. Guillaumont, *Aux origines du monachisme chrétien*, Abbaye de Bellefontaine, 1979.

R. Oursel, *Les Pèlerins du Moyen âge : Les Hommes, les chemins, les sanctuaires*, Paris, Fayard, 1963.

P.A. Sigal, *Les Marcheurs de Dieu*, Paris, Armand Colin, 1974.

Gallimard）; *Dernières lettres*（trad. C. Perret, Paris, Rivages, 1992）.

C.P. Janz, *Nietzsche, biographie*, tomes I（*Enfance, jeunesse, les années bâloises*, trad. Marc de Launay, Violette Queuniet, Pierre Rusch & Maral Ulubeyan）, II（*Les dernières années bâloises, le libre philosophe*, trad. Marc de Launay, Violette Queniet, Pierre Rusch & Maral Ulubeyan）, III（*Les dernières années du libre philosophe, La maladie*, trad. Pierre Rusch & Michel Valois）, Paris, Gallimard, 1984 et 1985.

Les traductions ont été modifiées.

〈慢〉

P. Sansot, *Du bon usage de la lenteur*, Paris, Rivages Poche, 2000.

〈遁逃的怒狂〉

A. Borer, *Rimbaud en Abyssinie*, Paris, Le Seuil, 1984.

J.-J. Lefrère, *Arthur Rimbaud*, Paris, Fayard, 2001.

A. Rimbaud, *OEuvres complètes*, éd. P. Brunel, Paris, LGF, 1999.

A. Rimbaud, *Correspondance*, éd. J.-J. Lefrère, Paris, Fayard, 2007.

I. Rimbaud, *Reliques*, Paris, Mercure de France, 1922.

〈走路者的醒絕之夢〉

J.-J. Rousseau : *Les Confessions* ; *Mon portrait* ; *Lettres à Malesherbes*; *Discours sur l'origine et les fondements de l'inégalité parmi les hommes*（Paris, Gallimard）.

R. Trousson, *Jean-Jacques Rousseau*, tome I, « La Marche à la gloire » ; tome II, « Le Deuil éclatant du bonheur », Paris, Tallandier, 1988 et 1989.

〈永恆〉

R.-W. Emerson, *La Nature*, trad. P. Oliete-Losos, Paris, Allia, 2004.

〈征服荒野〉

H. D. Thoreau, *Walden ou la Vie dans les bois*, trad. L. Fabulet, Paris, Gallimard, 1922 ; *Journal 1837-1861*, trad. R. Michaud & S. David, Paris, Denoël, 1986 ; *Je suis simplement ce que je suis : Lettres à Harrison G.O. Blake*, trad. T. Gillyboeuf, Paris, Finitude, 2007 ;

Textes et références

引用文獻與參考書目

全書主要參考書目

M. Jourdan & J. Vigne, *Marcher, méditer*, Paris, Albin Michel, 1994.

C. Lamoure, *Petite philosophie du marcheur*, Paris, Milan, 2007.

D. Le Breton, *Éloge de la marche*, Paris, Métailié, 2000.

Y. Paccalet, *Le bonheur en marchant*, Paris, J.-C. Lattès, 2000.

R. Solnit, *L'Art de marcher*, Paris, Actes Sud, 2002.

S. Tesson, *Petit traité sur l'immensité du monde*, Paris, Pocket, 2008.

Le Goût de la marche, textes choisis par J. Barozzi, Paris, Mercure de France, 2008.

各章引用文獻

〈自由的種種可能〉

J. Kerouac, *Sur la route*, et autres romans（*Les Clochards célestes*, trad. M. Saporta, etc.）, éd. Y. Buin, Paris, Gallimard, 2003.

S. Ramdas, *Carnets de pèlerinage*, trad. J. Herbert, Paris, Albin Michel, 1953.

G. Snyder, *La Pratique sauvage*, trad. O. Delbard, Paris, éd. Du Rocher, 1999.

H. Zimmer, *Les Philosophies de l'Inde*, trad. M.-S. Renou, Paris, Payot, 1978.

〈為何我如此善於走路〉

F. Nietzsche, *La Naissance de la tragédie* ; *Humain trop humain* ; *Aurore* ; *Le Gai Savoir* ; *Ainsi parlait Zarathoustra* ; *Ecce Homo* ; *Le Cas Wagner* ; *Nietzsche contre Wagner*（Paris,

走路，也是一種哲學（暢銷典藏版）

作者　斐德利克．葛霍（Frédéric Gros）
翻譯　徐麗松
主編　洪源鴻
責任編輯　柯雅云
行銷企劃總監　蔡慧華
封面設計　虎稿．薛偉成
內頁排版　宸遠彩藝
社長　郭重興
發行人兼出版總監　曾大福
出版發行　二十張出版／遠足文化事業股份有限公司
地址　新北市新店區民權路 108-2 號 9 樓
電話　○二～二二一八～一四一七
傳真　○二～八六六七～一○六五
客服專線　○八○○～二二一～○二九
臉書　facebook.com/akkerpublishing.tw
法律顧問　華洋法律事務所／蘇文生律師
印刷　通南彩色印刷有限公司
定價　三八○元整
出版日期　二○二二年九月（二版一刷）
ISBN　978-626-96456-0-2（平裝）
978-626-96456-2-6（ePub）
978-626-96456-1-9（PDF）

◎版權所有，翻印必究。本書如有缺頁、破損、裝訂錯誤，請寄回更換
◎歡迎團體訂購，另有優惠。請電洽業務部（02）22181417 分機 1124
◎本書言論內容，不代表本公司／出版集團之立場或意見，文責由作者自行承擔

Marcher, une philosophie
First Edition: © Éditions Carnets Nord, 2008

Complex Chinese Translation Copyright © 2022 by Akker Publishing, an Imprint of Walkers Cultural Enterprise Ltd.
Published by arrangement with Éditions Albin Michel, through The Grayhawk Agency.
ALL RIGHTS RESERVED.

本書在 2015 年曾以《走路，也是一種哲學》為書名出版

走路，也是一種哲學（暢銷典藏版）
斐德利克．葛霍（Frédéric Gros）著／徐麗松譯
二版／新北市／二十張出版／遠足文化事業股份有限公司／2022.09
譯自：Marcher, une philosophie
ISBN 978-626-96456-0-2（平裝）
一、哲學　二、文集
107
111012444